鈴木伸元

新聞消滅大国アメリカ

168

はじめに

アメリカの新聞が想像を絶する勢いで消滅している。

新聞協会によると、2004〜2008年の5年間で廃刊になった有料の日刊紙は49紙だったが、調査機関のペーパーカッツによれば、2009年には1年間で46紙も廃刊。そのスピードは加速している。

たとえば、ケンタッキー州コビントンという地域からは、地元の新聞が完全に消滅した。

「とにかく地元のニュースが入ってこなくなった」

ケンタッキー州コビントンの住民が嘆いている。

地元のテレビ局やインターネットから情報を得ることはできるが、廃刊となったケンタッキー・ポストのようなしっかりした取材体制があるわけではないので、情報の質は足元にも及ばない。

新聞が消えた街では、軒並み投票率が低くなり、新人候補者の数も減るなど、住民の地方政治への関心が低下したことは実証的にも証明されている。

世界の新聞ジャーナリズムをリードしてきたＮＹタイムズを発行する新聞社でさえ、11億ドル（１０００億円）を超える負債を抱えるなど崖っぷちの経営悪化に追い込まれている。

リストラは想像を絶するスピードだ。

ＮＹタイムズを直接傘下におくＮＹタイムズ・メディアグループ全体でみると、２００６年末に４６１０人いた従業員が、２００９年末には３２２２人まで減った。わずか3年間で全社員の3割、約１４００人が削減されたことになる。

２００９年の初めには、メキシコの大富豪に2億５０００万ドルもの資金援助を仰ぐなど、なりふり構わぬ生き残り策を講じたが、経営の根幹をささえる広告売り上げは30％もの落ち込みを記録するという体《てい》たらくである。

ＮＹタイムズのメディア担当である記者のペレッペーニャは、新聞、雑誌、テレビ、インターネットなど業界の動向について最も詳しい記者の一人だが、その彼がこう言った。

「紙の新聞はなくなります」

その言葉どおり、ＮＹタイムズが廃刊になる日は目の前に迫っている。

一方で、紙に代わって新たな主戦場となるインターネットの世界は、競争が熾烈だ。

これまでインターネット上で、全米5大ニュースサイトとしてその地位を維持してきたNYタイムズだったが、2010年に入ってユニーク・ユーザーを20％近く減らし、7位に転落した。新聞の発行に見切りをつけ、新たな活躍の場として新聞社が選択したインターネットの世界だが、読者のアクセス数においては、インターネット会社などのニュースサイトに大きく水をあけられている。

取材力や筆力で優位に立ってきた新聞社だが、インターネットの世界では、その能力を思うように発揮できていないのだ。

このまま全米から新聞は消えてしまうのか。

アメリカで始まった新聞ジャーナリズムの崩壊。そのスピードと影響力は想像を超えていた。そして、その荒波は日本にも押し寄せようとしている――。

＊為替レートはすべてニュース発表当時のものを使用
＊人名はすべて敬称略

新聞消滅大国アメリカ／目次

第三章 続々と消滅する新聞 75

第四章　新聞に取って代わるメディアは何か　97

第一章　NYタイムズの最期

崖っぷちに立つ超名門紙

全米の知識階級たちが毎朝目を通す新聞、NYタイムズ。この新聞を読んでいることが、彼らにとっては、ある種のステイタスになっていた。

一方、新聞記者にとっては、NYタイムズは憧れの職場だった。新聞記者を目指す若者は、大学でジャーナリズムを学び、まずは地方紙で修業を積む。そして、より知名度が高くて社会的に影響力のある新聞社へと転職を繰り返し、最終的にNYタイムズの記者になることを夢見る。そうした競争を勝ち抜いてきた記者たちによって執筆されるのがNYタイムズであり、政治や経済のリーダーたち、第一線で活躍するビジネスマンたちが購読する「高級紙」だったのである。

しかし、そのNYタイムズがいま、極めて厳しい経営環境にさらされている。

経営悪化が噂されるようになったのは、２００９年初め。雑誌の「ジ・アトランティック」が、「今年5月までに資金調達できるかどうか。その存続が危ぶまれている」と、いわゆる「5月危機説」を報じたのがきっかけだった。前年末の負債総額は11億ドル（１０００億円）で、5月に返済期限を迎える4億ドルの調達に難航しているという内容だった。

その後、メキシコの富豪カルロス・スリム・ヘルから14％という高利子の条件で、２億５０００万ドルを借り入れたという報道があり、危機感が広まった。

このカルロス・スリム・ヘルは、テルメックスやテルセルと呼ばれる通信会社を所有し、南米の通信産業を牛耳る人物とされている。２００７年8月に「フォーブス」が発表した世界長者番付では、ビル・ゲイツを抜いて世界一の座に輝いている。そのメキシコのメディア王に資金援助を仰がなければならないほど、NYタイムズは追い込まれていたのだ。

日本の新聞社では考えられないことだが、NYタイムズは、株式を公開している。

２００２年1月に、1株53ドルという高値をつけたあとは、緩やかに下降線をたどっていたものの、２００５年にはおおむね25〜30ドルを維持していた。それが２００８年4月頃からずるずると下落し、２００９年2月初めには、3ドル44セントにまで落ち込んでしまった。

NYタイムズの株価は、２００２年からの7年間で、実に15分の1以下にまで下落してしまったのだ。

その後、２０１０年にはいったん12～13ドルに持ち直したが、５月初めには再び10ドルを割っている。リーマン・ブラザーズ破綻後の急落から大きく持ち直している株式市場全体の中で、ＮＹタイムズに対する市場の評価は極めて低いと言ってよい。

空前のリストラでも追いつかない

そうした中、決定的な打撃を与えたのが、２００９年の4月下旬に行われた発行元であるＮＹタイムズ・カンパニーの決算発表だ。同年の第１四半期（１～３月）で７５００万ドル（約75億円）近い赤字を計上。広告売り上げが、前年の同じ時期に比べ、27％落ち込み、成長を続けてきたインターネット事業も前の年に比べ、５・６％減と初めてのマイナス成長に終わった。

２００７年からの2年間で、総売り上げの伸び率が対前年比プラスとなったのは、２００７年第３四半期の一度しかない。ひたすら売り上げが減り続けているのである。

ＮＹタイムズ・カンパニーは、ＮＹタイムズ以外にも複数の新聞などを所有しており、必ずしもこのデータは、ＮＹタイムズの営業成績とイコールではない。しかしながら、それにしても相当な落ち込み方である。２００９年の第２四半期には、総売り上げがマイナス21・２％、広告に至ってはマイナス30％を記録した。

ＮＹタイムズでは、その２００９年第１四半期の決算発表と前後して、営業局で１００人の

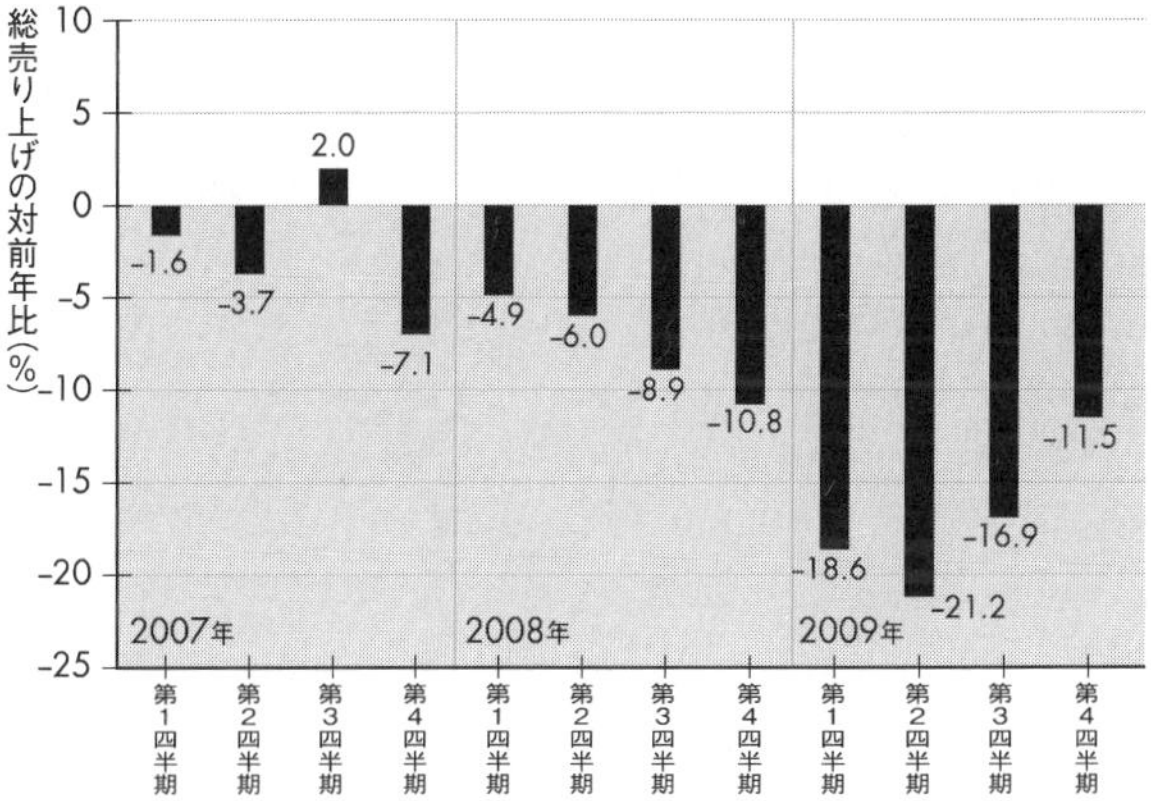

●NYタイムズ　総売り上げの対前年比伸び率
(出典：The New York Times Company)

リストラを発表。資産整理の噂も広まった。

その一つが、大リーグのボストン・レッドソックスを傘下に収めるニューイングランド・スポーツ・ベンチャーズの売却話だ。ボストン・レッドソックスといえば、かつてはベーブ・ルースが活躍し、最近では日本の松坂大輔投手が在籍する名門である。

6月には系列新聞であるボストン・グローブの売却計画を発表。1993年にNYタイムズ・カンパニーが買収した新聞だが、賃金カットなどをめぐって紛糾し、売却を決めた。その後、売却計画を撤回したが、ピューリッツァー賞を20回受賞した名門新聞を手放そうとしたのである。

10月に入ると経営再建の動きが一気に表面化する。8日には傘下に収めるFMラジオ局WQ

XR-FMを、ユニビジョン・コミュニケーションズなどに4500万ドルで売却。WQXR-FMはクラシック専門チャンネルとして、知られているラジオ局だった。

この頃からNYタイムズ・カンパニーに取材の申し込みをしていたが、なかなか返答がなかった。正直それどころではなかったのだろう。

そして、10月20日、NYタイムズの紙面に、「編集局から100人を削減」という記事が載った。日本の大手紙でもこのニュースは紹介された。

記事によれば、まずは希望退職を募り、その人数が100人に達しなければ、年末までにレイオフ（解雇）を行うという。記者たちの給料が5％カットされた矢先のことだった。

NYタイムズの編集局で働く記者は、ピーク時には1330人を超えていたが、2008年の人員削減で1250人前後にまで減らされている。今回さらに、100人の削減に突入したのだった。

リストラは猛烈な勢いで進められている。NYタイムズを直接傘下におく事業部門NYタイムズ・メディアグループ全体でみると、2006年末に4610人いた社員は、2009年末には3222人にまで減っている。

この10月20日の記事には記者の署名が入っており、リチャード・ペレツペーニャという名前があった。NYタイムズで新聞やテレビ、オンライン企業の動向をチェックしているメディア担当の記者だ。現場の声を聞くため、早速連絡をとることにした。

現場の記者は何を考えているのか

2009年11月3日。ミッドタウンにあるNYタイムズ本社ビルを訪れた。

リチャード・ペレツペーニャは痩せて背が高く、面長で端整な顔だち。知的な風貌を漂わせた46歳の記者だ。NYタイムズの記者として、10年以上働いている。

自社の人員削減に関する記事を書いたベテラン記者は、いったいどんな思いでいるのか。

「ここ2年ほどで、次々と新聞が消えている。新聞の未来について大勢の専門家に取材しているが、誰も明確な答えが出せない」

ペレツペーニャによると、「退職パック」と呼ばれる希望退職プランがすでに示されているという。

それには年齢に応じて給与の1年分や2年分にあたる退職金が支払われる等の条件が提示され、希望退職者は45日間の期限内に申請しなければならない。しかし、これまでの1年間で、自主退職を希望するかなりの人たちが会社を去っているため、今回の新たな募集にどれくらいの人が集まるかはわからないという。

「僕には子どもが2人いるし、家のローンもある。だから、まだ退職は考えていない。いまのところ、誰が退職の希望を出すのかわからない。退職金の条件がよいのは年齢の高い人。そこから多くの希望者が出るような気はするが、なんとも言えない」

ここ数年の間に小規模な希望退職勧奨は何度か行われてきたが、これに応じた人たちの大半は、もともと退職を考えていたようなベテランばかりだったと、ペレツペーニャは指摘した。会社の経営状態や自身の今後について、慎重に言葉を選んでいたが、仮にレイオフが始まったとしても、自分はその対象にはならないのではないか、という自信が感じられた。そこで、「もしあなたの子どもが、将来新聞記者になりたいと言ったら、どう答えますか」と少々意地悪な質問をぶつけてみた。

ペレツペーニャは、一瞬困ったような表情を見せ、苦笑いをして答えた。

「難しい質問をしますね。その問いには沈黙で答えることにしましょう。彼らが仕事に就く時代には、全てが違う状況になっているはずです。10年後、15年後、何もかも変わっているでしょう。問題は、どのように変わるのか、いまは全く予想がつかないということです」

NYタイムズの硬派路線が経営危機を救った

NYタイムズは、1851年9月、AP通信の創始者でもあるヘンリー・ジャービス・レイモンドとジョージ・ジョーンズによって創刊された。すでにニューヨークで発行されていた大衆紙ニューヨーク・トリビューンに対抗する新しい新聞としてスタートした。

そのヘンリー・レイモンドがAP通信を設立したのは、1848年。NYタイムズは、いまでも、日々発生する突発的ニュースの多くをAP通信からの配信に頼っている。

南北戦争の最中だった1861年4月21日に、戦争の状況をいち早く伝えようと、NYタイムズが日曜版を発行し始めたのは有名な話だ。

しかし、どちらかといえば発行部数の少ない弱小新聞としての歴史が長かった。

19世紀後半、アメリカではいまで言う「メディア王」のような二人の人物が新聞界をリードしていた。ピューリッツァー賞の創始者であるジョゼフ・ピューリッツァーと、映画『市民ケーン』のモデルとなったウィリアム・ランドルフ・ハーストだ。二人は、スキャンダルなどセンセーショナルな記事を前面に押し出し、「イエロー・ジャーナリズム」として市民の間で人気を博していた。

こうした中、一人の人物が弱小新聞だったNYタイムズの経営権を握り、現在のような「高級紙」としての地位を確立する。1896年に7万5000ドルで同紙を買収し、経営権を握ったアドルフ・オークスだ。

もともとニューヨークでの新聞買収を計画していたオークスは、最初、ニューヨーク・マーキュリーという新聞の買収を考えていた。ところが、NYタイムズが倒産寸前だと聞くや否や、安く買収できると、ただちに買収先を乗り換えたのだった。当初、オークスにとって、NYタイムズは、それくらいの軽い存在だったのだ。

当時、ピューリッツァーとハーストが発行する新聞は、それぞれ約30万部の部数を誇っていた。それに対してオークスが買収したNYタイムズは、発行部数が9000部しかなかった。それなのになぜ、オークスはNYタイムズを買収したのか。

オークスは、イエロー・ジャーナリズムに対抗する、自分が理想とする新聞を世に送りだそうとしていた。小さな新聞であればあるほど、その理想が組織に浸透しやすく、実現が早いと考えたのだ。そこで、「常に公平の立場で報道をする。決して恐れずに、決しておもねることなく」という方針を打ち出し、取材網を世界へと拡大、イエロー・ジャーナリズムに対抗する硬派な新聞としての紙面作りを進めていった。

このオークスの指揮によってNYタイムズは、一定の人々の信頼を得ることに成功。「高級紙」としての地位を確立していった。

同紙の第1面やホームページの上段に記された「印刷に値するニュースは全て掲載する」というキャッチコピーは、このオークスの下で1896年10月に生まれたものである。

1904年には、NYタイムズ本社のあるマンハッタン42丁目が、その社名をとって「タイムズ・スクエア」の名前で呼ばれるようになる。現在、観光地として世界中から人が集まる場所である。

この頃から、ニューヨーク市民の間に、硬派な新聞としてのNYタイムズが浸透していった。

インターネット版NYタイムズはどのように誕生したのか

本社ビルの2、3、4階が編集局になっていて、ペレツペーニャは4階で仕事をしている。

ペレツペーニャのデスクは整然としていた。「最近執筆した記事を見せてくれ」と頼むと、

「うーん、プリントしたものはないなあ。全部この中ですよ」

とパソコンを示した。

NYタイムズは、全米の新聞の中でも、いち早くインターネットによる記事閲覧サービスに取り組み、内容も充実させてきた。編集局の要所要所には、専門のプロデューサーが配置され、紙面の編集会議にもインターネット版の担当者が参加し、意見交換を行っている。

インターネットの普及によって、NYタイムズが大きく変わった点といえば、ブログの登場だ。

トップページの右下にあるブログコーナーに入ると、50を超える項目が並び、さらにその下には20近いオピニオン記事が続く。ブログの項目は、国際情勢、ニュース記事をフォローしたもの、スポーツ、介護、メディア事情、エンターテインメントなど多岐にわたっている。

特に注目したいのは「戦争」というブログだ。アフガニスタン、イラクといった9・11後のアメリカの戦争の行方を、紙面に載せにくい記事も含めて、毎日フォローし続けている。

他にも「レンズ」というブログには、多くのカメラマンたちが、フォト・ジャーナリズムを掲げて、世界中から写真とコメントを寄せている。時には専属のビデオ・ジャーナリストによるビデオ映像もアップされている。新聞社が映像による取材に踏み出しているのだ。いずれも他社の追随を許さぬ充実ぶりである。

しかし、拡大してきたインターネット版NYタイムズには、短くとも波乱の歴史がある。配信が始まったのは1996年。当時、アメリカ国内での利用は全て無料だった。

その後、2005年に「タイムズ・セレクト」という著名コラムニストによるインターネット版だけの特別コーナーを立ち上げるが、これは有料でスタートした。新聞を定期購読している人は無料で見られる一方、定期購読していない人には年間49ドル95セント、月ごとの利用で7ドル95セントを課金した。有料ではあったが、著名なコラムニストを集めることによって、読者からの人気は高まり、有料会員が22万7000人まで増えた。年間で、およそ1000万ドルの売り上げがあったという。

そして、2007年2月。社主のアーサー・ザルツバーガーが、世界の経済人が集まるダボス会議で周囲を驚かせる発言をした。

「5年後、我々はもう印刷をしていないかもしれない。印刷をしていなかったとしても、それは問題ではない」

NYタイムズがついに紙の新聞からインターネットへと転換することになった、と日本も含め世界の新聞界に衝撃が走った（のちにこの発言は撤回される）。

事実この頃、電子版の月間ユニーク・ユーザーは1300万人に達し、1カ月の総閲覧数（ページビュー）は、6億回を超えていた。インターネットに進出することで、新聞の明るい未来が開けるのではないかという期待が広がっていた。

インターネット版全面無料化への賭け

NYタイムズで現在の完全無料のブログが始まったのは、2007年の6月だが、そのとき人事部は記者経験の全くないブロガーを採用した。そのことから、NYタイムズがいかにインターネットに力を入れていたかがわかる。これまでNYタイムズは、地方紙などを渡り歩き、経験を積んできた記者しか採用しなかったからだ。

その象徴がブライアン・ステラーの採用だ。池尾伸一氏のリポート（『新聞研究』2007年11月号）によれば、大学時代のブライアンは、テレビのニュース番組についてのブログを主宰するなど、その世界では有名なブロガーだったという。NYタイムズに就職後、そのインターネット版に「TVデコーダー」というブログを開設し、同時に通常の経済記事も書いている。池尾は、「3年前ならブライアンを採用することはなかった。いま我々がいかにネットを重視しているかの証明だ」というNYタイムズ幹部ジョナサン・ランドマンのコメントを紹介している。

同年7月には、売店での平日版の販売価格が、1ドルから1ドル25セントに値上げされた。その一方で、紙面の大きさを幅2・5センチメートル小さくするという、紙面縮小に踏み切った。インターネット版への期待が高まる一方で、新聞の地位は低下し、重荷になったかのようだった。

完全無料のブログがスタートした3カ月後の9月、一定の読者はいたものの、その数は頭打ちになっていたため、それまで有料にもかかわらず人気を呼んでいたコラム「タイムズ・セレクト」を、なんとスタートから2年で廃止。同時に、それまで課金していた過去20年の記事も全て無料で読めるようにした。

紙面の値段を上げる一方で、インターネット版「NYタイムズ・ドットコム」を全面的に無料にするという大きな決断である。

これはNYタイムズにとって一つの賭けだった。

というのも、有料のままでは、これ以上、読者を増やすことができず、収益は伸びていかない。そこで全てを無料にし、ユーザー数を増やすことを狙ったのだ。ユーザー数が増えれば、メディアとしての価値が高まり、広告単価も上がる。そこに新たな収益モデルを見出せると考えたのだった。

この無料化にともない、NYタイムズは、テレビ、ラジオ、ネットを使って、ニュースサイト「NYタイムズ・ドット・コム」の一大キャンペーンを張った。キャッチコピーは、紙面に掲載している「印刷に値するニュースは全て掲載する」をもじった、「クリックに値するニュースは全て掲載する」だった。

投資ファンドからきた取締役に何ができるのか

NYタイムズがインターネット版へとシフトしていく中、その流れを一気に加速させる「外圧」もあった。

2008年3月、NYタイムズの株式を買い増していた二つの投資ファンド、ハービンジャー・キャピタル・パートナーズとファイアブランド・パートナーズから、二人の取締役を受け入れることにしたのだ。社外から取締役を受け入れるのは、1967年に株式を公開して以来、初めてのことだった。

この二つの投資ファンドは、オーナーのザルツバーガー家と同じ19％を所有する大株主となり、資産の売却など経営の効率化、インターネット・ビジネスの強化、さらに自分たちのファァンドから取締役を送り込むことを要求してきた。NYタイムズ側は、それまでの取締役13人の体制から、2人増やして15人とし、その増えた分の枠を投資ファンド側に与えることにした。株式を公開している以上、仕方のないことかもしれないが、国を代表する新聞社の経営陣に投資ファンドが乗り込んでくるというのは、簡単には受け入れにくいことだろう。

投資ファンドが掲げる経営方針に後押しされたNYタイムズは、インターネット版の拡充路線を突き進んでいった。しかし、その一方で、新聞の発行部数は落ち込んできた。

ABCの発表によると、2000年頃からNYタイムズ平日版の発行部数は110万部前後を維持していたが、2006年の112万部をピークに、2009年には92万部と大幅に減少してしまったのだ。2007年の値上げによる購読者の減少も影響しているのだろう。

ある程度は織り込み済みだったとはいえ、インターネット版の開放によって、その便利さが次第に広まっていく中で、紙の定期購読をやめる人が増え、インターネット版に流れていった人も多いと思われる。

紙からインターネットへとシフトするのは、資本の論理を優先する投資ファンドからすれば、当然の成り行きだろう。読者がインターネット版に流れることによって、社全体の売り上げが伸びれば、それで目的は達することができる。しかし、実際はそうならなかった。既に見たように、この3年、総売り上げの大幅な減少が続いているのだ。

NYタイムズ、インターネット版では惨敗

2009年のニールセン・オンラインの調査によれば、アメリカの5大ニュースサイトは、利用者が多い順に以下のようになる。第1位は、マイクロソフトとテレビ局NBCが共同で設立したニュース専門チャンネルMSNBCのホームページ、MSNBCデジタル・ネットワーク。第2位は、24時間ニュースで日本でもなじみのあるCNNのホームページ、CNNデジタル・ネットワーク。その次に、ヤフー・ニュース、AOLニュース（アメリカ・オンライン）と続き、5番目にNYタイムズが食い込む。

この5番目という順位は、手放しで喜べるものではない。

アメリカの新聞産業の衰退ぶりを調査したアメリカ議会調査局は、このデータをもとに、5大サイトに新聞のサイトが1社しか食い込んでいないことや、NYタイムズのサイトの利用者が第1位のMSNBCの半分程度でしかない事実を取り上げ、新聞社がインターネットでいかに苦しい戦いを強いられているかを指摘している。

記事閲覧の無料化によってユーザー数を増やし、インターネット広告の売り上げを増やすという目論みが期待どおりではなかったことは、「はじめに」で触れたNYタイムズ・メディアグループ全体で3年間に1400人が削減されたという事実を見れば明らかだ。

広告ではインターネットが一人勝ち

２００７年のインターネット広告全体の売り上げは、右肩上がりで伸びていた。しかし、２００８年には頭打ちとなり、２００９年は大きく落ち込んでいる。この下落はリーマン・ショック後の経済危機の影響が大きいと考えられる。

しかし、事態はそれほど簡単ではない。次にあげるのは、２００７年と２００８年それぞれの第４四半期、アメリカの広告費の増減を媒体別に比べたデータである。このデータは、TNS Media Intelligence による調査で、米議会にも提出されている。全媒体をあわせた広告費は、マイナス９・２％と大きく落ち込んでいる。だが、媒体別に見ていくと、リーマン・ショック後、景気後退が深刻となったにもかかわらず、インターネット広告費は、実は大きく伸びているのだ（▲はマイナスを表す）。

テレビ	▲５・１％
雑誌	▲13・９％
新聞	▲16・５％
インターネット	＋７・０％
屋外	▲11・２％

インターネット全体の広告費は伸びていても、新聞社のインターネット広告費の増収にはつながってはいない。新聞社の広告収入はリーマン・ショックに関係なく、もともと長期的な下落傾向にあるからだ。

理由の一つは、インターネットの広告単価が新聞よりも安いことだ。紙面とインターネット上のスペースの大きさなど単純な比較は難しいが、取材した関係者によると、インターネットは紙面の10分の1程度の料金だという。

そして、もう一つ重要なのは、新聞というマスメディアを使った広告から、インターネット上でのバナー広告・検索連動広告といったユーザーの志向にターゲットを絞った広告へと、大きな構造転換が起きていることだ。新聞に広告を打って配布し、大衆に働きかけても、誰が、どんな関心を持って見ているかはわからない。その一方で、インターネットならアクセス数などが解析できるので、より効果が測りやすいと広告主たちは考えている。検索連動型の広告なら、個別の利用者が打ち込んだキーワードに連動して、興味のありそうな広告を表示できる。

大衆から個へ、広告が大きく変化している。インターネットがもたらしたこの大きな変化に、経済危機が追い討ちをかけ、新聞離れを加速させているのだ。

古きよき時代の思い出、ピューリッツァー賞

NYタイムズ本社ビルの15階には、会議室が並び、ゆったりとしたサロンのようなスペースもある。その廊下に新聞社としての栄光の歴史が刻まれている。歴代のピューリッツァー賞に輝いた記者やカメラマンの顔写真と記事の一部が額に入れて飾られ、その数は100に迫っている。

ペレツペーニャは自分のキャリアの中で、一番印象に残っているのは2002年の受賞だと語った。前年の9月11日に発生した同時多発テロ事件（9・11）についての報道などによって、NYタイムズは、この年、史上最多の7部門での受賞を果たした。

最も名誉ある公共部門で表彰を受けたのは、「挑戦を受けた国家」という特集だった。同時多発テロ事件に巻き込まれ、命を落とした人たちの人生を取材し、犠牲者の姿を具体的に浮かび上がらせた出色の特集だった。3000人を超える人たちを取り上げるため、数カ月にわたって毎日毎日、記事が書かれた。

NYタイムズは、この犠牲者の特集以外にも、さまざまな角度から取材をしていった。中東専門のコラムニストなどをアフガニスタンやパキスタンに派遣し、アメリカ軍の攻撃で犠牲になった市民たちの姿を伝えていった。こうした多角的な報道が、史上最多の同時受賞を生み出したのだろう。

ペレツペーニャは、こうした質の高い報道は、これからは極めて難しくなると考えている。

「内容のある報道には、それを成し得るだけのスタッフと時間が必要だ。NYタイムズはそれを手放そうとしている」

NYタイムズの黄金時代

NYタイムズの最初のピューリッツァー賞受賞は、1918年だ。第一次世界大戦のヨーロッパ戦線についての広範な記事が評価され、公共部門での受賞を果たしている。ピューリッツァー賞の表彰はその前年の1917年から始まっており、最も注目度の高い公共部門は、その年受賞者がいなかったため、NYタイムズが最初の受賞となっている。

時の権力とも対決を辞さないNYタイムズの姿勢が鮮明になるのは、20世紀後半のことだ。1964年にはNYタイムズの記者デイヴィッド・ハルバースタムが、時のケネディ政権のベトナム戦争政策に対して批判的な記事を展開。ケネディ大統領の圧力をものともせず記事を発表し続け、ピューリッツァー賞を手にした。この頃から政府と真っ向から対決する米新聞界の黄金時代が始まる。

ハルバースタムはこの後、ケネディ政権、ジョンソン政権の中枢でどのようにしてベトナム戦争の拡大が起きていったのかを詳細に取材し、『ベスト・アンド・ブライテスト』を執筆。

世界的なジャーナリストとしての名声を確立した。

日本人にも馴染みがあるのは、1971年の「ペンタゴン・ペーパーズ」報道だろう。当時はベトナム戦争が泥沼化していた。NYタイムズは、ベトナム戦争に関する国防総省の機密文書、いわゆるペンタゴン・ペーパーズの存在をすっぱ抜き、政府は国民に真相を隠蔽したままベトナム戦争へと突入して行ったのだと、第1面で報道した。

これに対して時のニクソン政権は、記事の差し止めを命令。国家機密文書の漏洩は重大な問題であるというのがその理由だった。こうして、NYタイムズと当時の政権とが真っ向から対立した。ワシントンの連邦高裁で記事の差し止めが認められたが、その後の連邦最高裁では逆転。政府の訴えは却下された。

この1970年代前半は、アメリカの新聞を語るうえでとても重要な時期である。新聞やジャーナリズムのあり方を考えるうえでも大事な事柄を含んでいるので、少しだけ触れておく。

ペンタゴン・ペーパーズが世に問われた翌年の1972年6月、ワシントンにあるウォーターゲート・ビルにある民主党全国委員会本部への不法侵入罪で5人の男が現行犯逮捕され、時のニクソン政権が彼らを使って民主党への盗聴を行っていたのではないかという疑惑が持ち上がった。記事を書いたのはワシントン・ポストの記者ボブ・ウッドワードたち。政府との緊張感が高まり、上院特別委員会でホワイトハウスの職員に対する審問が行われるまでに発展していった。詳しくは触れないが、その後、紆余曲折を経て、1974年のニクソン大統領の失脚、側近の逮捕によって事件は終結へと向かった。

ペンタゴン・ペーパーズとウォーターゲート事件。それぞれNYタイムズとワシントン・ポストというアメリカを代表する新聞が論陣を張った時代。新聞は「言論」という武器を手にすることで、時の政権と対峙しても引けをとらないだけの矜持《きょうじ》を持っていた。

このニクソン政権下に起きた二つの新聞報道は、政府と新聞との全面対決として日本にも伝わり、当時のジャーナリストたちを大いに刺激した。そうした中から、立花隆らによる時の首相・田中角栄の金脈に対する調査報道が生まれていった。

揺らぐ「権力の監視役」

2004年になると、NYタイムズは、イラク戦争をめぐる報道姿勢が問題となって窮地に立たされた。9・11後、反イラク政府の亡命者への取材をもとに「イラクには生物化学兵器製造所や大量破壊兵器の施設があり、原爆製造も目指していた」という内容の記事を掲載したが、その5本について事実誤認があったことを認め、紙面で謝罪記事を掲載するまでに至ったのだ。

事の発端は2002年9月に遡る。NYタイムズは、イラクがウラン濃縮技術の獲得に向けて動き出していたという記事を掲載した。これが一つのきっかけとなって、イラク戦争へと世論は誘導されていく。しかし、のちにこのイラク核開発の情報は捏造だったことがわかり、世論からブッシュ政権の戦争誘導に加担したという非難を浴びることになる。

NYタイムズは、2年後に記事の誤りを認めることになるのだが、かつて築き上げた「権力の監視役」としての信頼性が揺らいでしまったことは間違いない。

それから5年後の2009年。

今度は記事の内容ではなく、新聞社の経営そのものを揺るがされるという危機的な状況に立たされている。

ペレツペーニャへの1回目のインタビューの最後に、新聞記者という仕事について、いまどう思っているかを尋ねた。

少し前なら、新聞記者といえばアメリカ人にとって花形の職業だった。

ウォーターゲート事件をもとにした1976年の映画『大統領の陰謀』は、二人の新聞記者が主人公となり、アカデミー賞を4部門で受賞した。アメリカにおける新聞記者の理想的イメージはここにあると言ってよいだろう。

しかし、彼の返事は皮肉の込もった、冷めたものだった。

「新聞記者は最高の仕事とは言えない。いま記者たちの間で流行っているジョークがある。もし新聞業界で百万長者になりたいなら、どうしたらいいと思うか。その答えは、億万長者から始めるっていうのさ」

記者にとっての「新聞の先にある人生」

「はじめに」でも紹介したペレツペーニャの「紙の新聞はそのうちなくなる」という考え方は、他の多くの記者にも共有されているようだ。少なくともペレツペーニャは全く逡巡することなく、新聞は早晩なくなると答えた。

ペレツペーニャのデスクの近くには、1枚の風刺漫画が貼られていた。新聞スタンドの周りで、5、6人の市民が新聞を読んでいる。その第1面の見出しは「新聞の時代は終わった」。その新聞を熱心に読む市民たちの姿。強烈な皮肉である。

「新聞の先にある人生」

これは2009年、全米の新聞記者3800人を対象に、新聞のインターネット化に対する意識調査を行った報告書のタイトルである。調査を行ったのはノーザン大学だ。

この調査によると、「新聞社はインターネット化をもっと早く進めるべきだ」と答えた記者が全体の56%に及んだという。一方で「古きよき」紙の新聞にこだわる記者は、わずか20%だった。調査は、全米で大手新聞社の経営危機が取り沙汰されていた2009年の初めに行われている。

インターネット化を進めれば進めるほど、自らの首を絞めかねないのだが、逆にもっと進めるべきだと考える記者たち。しかし調査では、「2年後もいまと同じ新聞社で働いていると思う」と答えた記者が59％に達し、記者の予想は楽観的であると分析している。

いったいどういうことなのか。

ノーザン大学は楽観的な考えを持つ記者たちの属性を調べており、その結果、発行部数5万部以下の新聞社に勤める記者ほど、大手新聞に比べてより楽観視していることがわかった。大量の記者を雇用している大手新聞社が従来型の経営を維持することは、インターネット版の普及によって難しくなると考えられている。逆に小さな新聞社の記者は、会社の規模は小さくても、ローカルの報道機関として生き残っていけると考えているのだろう。

いずれにしても、アメリカの記者たちはインターネット化を推し進めることにしか、新聞社が生き残る道はないと考えている。新聞にしがみつき、廃刊になるのを待つよりも、インターネットに打って出ることで新しい道が開ける可能性がある。インターネット社会が日本以上に発展しているアメリカならではの、合理的な考え方と言える。

結局、問題なのは、新聞がなくなった後、いまの新聞社が報道機関として生き残る道をどうやって見つけ出すかである。

新社屋の皮肉な運命

NYタイムズ本社ビル、通称「スカイ・スクレーパー」も、インターネット進出の中で、皮肉な運命をたどっている。

本社ビルはマンハッタン最大のバス停、ポート・オーソリティーの目の前、40丁目付近にある。52階建ての近代的なビルで、高さは319メートル。ニューヨークでも五本の指に入る高層建築だ。

設計はイタリア屈指の建築家、レンゾ・ピアノ。パリのポンピドゥー国立芸術文化センターの設計をリチャード・ロジャーズと共に手がけた世界的な建築家で、日本でも格子状の構造体が続く関西国際空港旅客ターミナルビルの設計を行っている。こんな建築家に巨大本社ビルの設計を依頼した当時のNYタイムズは、将来にほとんど不安を抱いていなかったと言える。

壁面には「NYタイムズ」という社名ロゴが黒字で大きく書かれている。

NYタイムズのオフィスが入っているのは、2階から15階。2、3、4階に編集局があり、15階に歴代のピューリッツァー賞の受賞者の額が並んでいる。

NYタイムズが、このビルに引っ越してきたのは、インターネット進出を本格化させる2007年6月。紙面とインターネット版とを名実共に統合することが、新しい本社ビルの目的だった。編集局の要所要所にインターネット版の担当者が座り、紙面の担当記者と濃密に連絡を取り合う体制を整えていることはすでに書いた。

このビルに引っ越してくるまでは、2ブロックほど北に行った「タイムズ・スクエア」の43丁目に本社タイムズ・タワーがあった。1913年に建設された石造りの重厚な建物で、黄色の丸い外灯には一つひとつ「Times」と黒字で刻まれていた。

この紙面とインターネット版との有機的な統合を目指し、2007年に現在の本社ビルに移転した。インターネット版を無料開放し、インターネットへの進出を一気に加速させた年である。

しかし、すでに書いたように、その後、広告収入が落ち込み、購読者数も急激に減っていった。そして、NYタイムズ・カンパニーは、このビルの売却を決断するに至ったのである。

2009年3月9日、NYタイムズは投資会社WPキャリーとの間で、NYタイムズが所有する部分の58%を2億2500万ドルで売却する契約を結んだと発表。契約は、売却後も15年間は同じオフィスを賃貸契約で使い続けることができるという「セール・アンド・リースバック」だった。条件の中には、10年以内に2億5000万ドルでビルを買い戻すことができる権利も盛り込まれている。

つまり、ひとまずは売却によって資金を得、賃借することで固定資産税などを節約する。そして、10年以内に経営が上向いてくることを期待し、そのときにはビルを買い戻そうという計画である。当面の危機を乗り切ろうと必死なのである。

こうしてNYタイムズのインターネット進出の象徴でもあった本社ビルは、投資会社の手に渡ってしまった。移転から2年も経っていない、きわめて短い自社ビルとしての命だった。

NYタイムズの特徴

ここでNYタイムズの紙面構成を見ていくことにする。

なぜなら、NYタイムズが「世界を代表する新聞」とまで言われる理由が、この紙面構成からうかがえるからだ。

平日版は、曜日によってセクションの数が変わるが、多い方に分類される木曜日を例に見てみることにする。

A（本紙）　28ページ　※国内外のニュース
B（ビジネス、スポーツ）　16ページ
C（アート）　6ページ
D（ホーム）　2ページ　※生活情報など
E（木曜スタイル）　10ページ　※ファッション情報など

全部で60ページを超える分厚い紙面となっている。中でも日本の新聞と違う大きな特徴は、Aの本紙。その半分近くを国際ニュースが占めているのだ。国内や地元ニューヨークのニュースとほぼ同じ分量に達している。

しかも、AP通信から配信された記事を直接使っているのは、世界各国の直近のニュースを短くまとめたワールド・ブリーフィングと呼ばれるコーナーだけ。それ以外の20本を超える国際ニュースは、記者の署名入り記事なのである。しかも、セクションBのビジネス・デイと呼ばれる紙面の中にも、経済を中心とした国際ニュースが数多く見られる。

この国際報道の多さが、アメリカの新聞の中でNYタイムズを突出した存在にさせている理由の一つだ。アメリカでは新聞といえば地方紙が大半で、ローカル記事を中心に紙面が構成されている。グローバルな世界の情報を詳細に分析したいという人々にとって、NYタイムズは貴重な情報源だったのである。

もう一つの特徴は、セクションAの最後の見開き2ページを使ったオピニオン欄だろう。社説が4本並び、その他にオプ・エドと呼ばれる論説コラムが4本、そして、投稿が4本並んでいる。オプ・エドとは、もともとOpposite the Editorial Page、つまり、社説の反対側にある紙面という言葉の略語であり、社内のコラムニストをはじめ、ハーバードやスタンフォードなど、アメリカの一流大学で活躍する研究者など社外の論客が寄稿している。

ここで紹介される意見は、アメリカ社会に大きな影響を与えていると言われ、NYタイムズを購読する読者にとって、1面のトップ記事の内容と同じくらいに、高い関心事になっているという。

アメリカの新聞の多くは、それぞれにこのオプ・エドを紙面に取り入れている。「コラムニスト」という職業が、アメリカに数多く存在しているのは、そのためだ。

また、2ページにわたるオピニオン欄では、リベラル派や保守派の論客が交互に登場する。リベラルな新聞というイメージのあるNYタイムズだが、多様な意見を読者に提示することで、客観的な報道を行う新聞としての評価を高めていたのだ。

大切なのは上位1割の記者?

2009年9月、テック・クランチ社のマイケル・アーリントンが、新NYタイムズ再生プランなるものをネット上に発表した。名づけて、「ニュー・NYタイムズ」だ。

このテック・クランチは、インターネット・ビジネスを批評する人気ブログで、ウォール・ストリート・ジャーナルやフィナンシャル・タイムズで紹介され、2007年9月には、「ビジネスウィーク」の読者投票人気ブログでトップに輝いた。

筆者であるアーリントンは、一読者の分析として、トップにいる5～10％の優秀な記者や編集者が、NYタイムズの商品価値の50％を生み出しているのではないかと推測している。そして、彼らに、現在のNYタイムズを飛び出て、新しい会社を起こしてはどうかと提案しているのだ。

具体的には、50人のライターで新会社を発足するというものである。世界最高レベルの記者たちに払う年俸を20万ドル（約2000万円）として、福利厚生も含めた人件費が約1200万ドル。セールスや管理部門などの支援スタッフの人件費、家賃・光熱費などの経費をざっと合算すると、約300万～400万ドル。これに予備費50％を加算し、記者たちの人件費と合わせると、年間運営経費は2500万ドル（約25億円）となる。

これくらいの金額ならば、投資をしたいという投資家やヘッジファンドが現れるであろうとアーリントンは言う。つまり、2500万ドルあれば、世界で最高レベルの記者を揃えた、取材チームが作れるということになる。

確かにこのテック・クランチによる私案はビジネス・モデルとして一理ある。組織の規模を縮小することによって、ジャーナリズムの質を50％は保つことが可能かもしれない。

しかし、NYタイムズにとっては、到底受け入れられないプランだろう。

「印刷に値するニュースは全て掲載する」というのが、NYタイムズの大方針であり、50人の取材チームでは、それは不可能だからだ。

しかし、この案は極めて重要なことを示唆している。

NYタイムズが、インターネット版のニュースの世界で生き残り、健全な経営を続けるためには、トップの記者だけを集めた少数精鋭グループまで規模を縮小していかなければならないということだ。つまり、いまのままの経営規模では生き残れないのである。

NYタイムズのリストラがとまらない

2009年11月中旬、再び記者のペレッペーニャと会った。

編集局にいる彼を訪ね、最近、NYタイムズについてどんな記事を書いたかと質問すると、「10月末の記者100人の削減に続く、追加の人員削減が決まったことについて」という答えが返ってきた。

リストラが行われるのはニュース・サービスと呼ばれる部門で、30人いた社員のうち25人が2010年の春に職を失うことが決まった。ニュース・サービスは、NYタイムズの記事を再編集して全米の他の新聞社に配信したり、他の言語に翻訳して世界中の提携先に提供する業務を担ってきた。

代わりにその業務を担うのは、フロリダ州にあるゲインスビル・サンと呼ばれる新聞社で、実はＮＹタイムズのオーナーであるＮＹタイムズ・カンパニーの傘下に入っている。

　ゲインスビル・サンで働く編集者たちは組合には参加しておらず、彼らの給料はこれまでニューヨークで雇用してきたスタッフに比べて圧倒的に安い。社内のある部署の人員を解雇し、その仕事を子会社に丸投げするというのが今回のリストラの目的で、経営的には人件費を大きく削減することができる。

　この日の記事では、非組合員の社員に対して、年金制度の変更が発表されたとも記されている。会社側が一定の年金支給額を保障する「確定給付型」の部分は年内に完全に打ち切り、年明けの２０１０年からは、給与の３％を運用するいわゆる４０１Ｋの「確定拠出型」による年金給付に切り替えるという。手の付けやすい非組合員の年金に手を付けることで、会社側は経費削減を推し進めているのだ。

　ペレツペーニャは「これによってＮＹタイムズ側の経費負担がどれだけ軽減されるのかは明らかにされていない」という。

　しかし、新たな人員削減と年金制度の変更という二つのニュースが同時に発表されたことは、人件費を徹底的に洗い出し、コストカットを矢継ぎ早に打ち出していかざるを得ないＮＹタイムズの窮地を如実に物語っている。

リストラされた記者のゆくえ

２００９年10月下旬に発表され、世界に衝撃を与えたNYタイムズの記者１００人削減計画。退職パックとよばれる希望退職プランに記者たちが申請できる45日間という期限は、12月７日だった。

その直前の12月４日、ポリティコというサイトにある記事が載った。ポリティコとは、新興の調査報道サイトの一つで、ワシントンの政治情勢をウォッチしており、信頼度の高いインターネットメディアとして知られる。

そのポリティコによれば、NYタイムズのエクゼクティブ・エディターであるキース・ケラー氏が、この日社員たちにメールを送ったとして、その全文を引用している。その内容を要約すると、「期限の12月７日が迫っているが、希望退職者は予定の１００人に達していない。もし達しなければ、レイオフに踏み切らざるを得ない」というものだ。

メディア・パブというサイトを主宰する田中善一郎氏は、さらに、Gawker や Media Alley といったブログなどを調べ、希望退職者の名前が出回っていることを突き止めた。中には、アメリカ・オンライン（AOL）へ移籍した記者もいるという。

第二章 廃刊寸前 サンフランシスコ・クロニクル

猛烈なリストラの現場

カリフォルニア州北部最大の新聞、サンフランシスコ・クロニクルの社屋に入ると、新聞の未来はこんなものか、と慄然とさせられる。

クロニクル社の3階建ての社屋のうち、いま使用されているのは3階部分だけ。急速なリストラによって社員がいなくなり、空きスペースが増殖しているのだ。

編集局の一部や広告局などがあったという2階を案内してもらった。

エレベーターを降りてすぐの右手にある部屋には、特集記事を担当する特集班、そして映画評や園芸情報などを担当する生活文化班があった。しかし、半年前に全て廃止。机や椅子が片付けられた部屋はガランとし、カーペットを剝がされて、むき出しになった赤い床面が目をつく。壊れたブラインドは斜めになったままだ。

その奥にある広告や管理部門の部屋は、つい2週間前まで使われていたという。広い大部屋に、主のいない机と椅子が並んでいた。さらにドア1枚隔てた奥の部屋にも使われていない机と椅子が残されている。これが、アメリカの新聞社が直面している現実だ。

アメリカの新聞の頂点に立つNYタイムズですら、経営悪化に苦しんでいるのだ。地方紙がそれ以上の厳しい現実にさらされているのは日を見るより明らかである。

1階ももぬけのからだった。大通りに面する側には、重役クラスが使っていた高級感のある木目調の個室が並んでいたが、椅子も机も全て処分されていた。

その隣には、天井の高い部屋があり、壁の取り壊し作業が進んでいた。クロニクル社は少しでも収入を増やそうと、空いたスペースを貸しオフィスとして活用しようとしていた。案内してくれた社員の話では、この部屋にはベンチャーのIT企業が入居するという。

クロニクル社の経営を大きく揺るがしたのはインターネットの登場だ。そのインターネットの世界で台頭するIT企業が、クロニクル社の大リストラによって生まれた空きスペースに進出してくるというのは、あまりにも皮肉である。

いま本社ビルのうち使われているのは、全スペースの3分の1。近い将来、クロニクル社はこの本社ビルを売却し、よりこぢんまりとした賃貸のオフィスへ引っ越す予定だという。

5年間で700人のリストラを決行

編集局を取材で初めて訪れたのは2009年11月9日。およそ100人の記者が、パソコンに向かって仕事をしていた。そこには図書館のような静かな空気が流れていた。記者には白人もいれば、アジア系、南米系の人たちもいる。ところどころに何も置かれていない席がある。さらなるリストラが始まろうとしているのだ。大雑把に数えると、10席に1席は主がいない。

2008年、クロニクル社は1年間で5000万ドル（50億円）以上の赤字を計上した。新聞を発行するために、毎週1億円もの赤字が発生していたことになる。最大の原因は、インターネットの登場によって、新聞広告が壊滅的な打撃を受けたことだ。発行部数も、1990年代に55万部前後だったものが、2009年3月には31万部にまで大幅減少。広告主だけでなく、読者も猛烈な勢いでサンフランシスコ・クロニクルから離れていった。

2009年春には、身売り話も飛び出るほどで、アメリカの大都市で発行される新聞としては、経営破綻に最も近いとまで言われた。

親会社のハースト社から経営再建者として送り込まれたのは、マーク・アドキンス。体が大きく声に張りがあり、少し話せば、かなりのやり手であることがわかる人物だ。

アメリカでは経営と編集は完全に分離されている。新聞記者として入社した者は、そのまま生涯を記者として取材・執筆を生業《なりわい》とする。経営は、ＭＢＡを取得するなど、経営手法を学んだ者が担う。

一方、日本では記者として入社し、名を成したものが昇進し、会社の経営を担うことになる。アメリカでは記者として仕事をしてきた人間が経営幹部になろうとすれば、名門のビジネススクールに通い、ＭＢＡを取得するなどしなければならない。

アドキンスの場合は、ハースト社で広告を販売する営業部門を渡り歩き、その経営手腕を買われて抜擢されたのだった。

クロニクル社の再建を任されたアドキンスは、リストラの大鉈《おおなた》を振るった。ピーク時の２００４年に１２００人いた社員は、現在５００人にまで減らされている。新聞記事の取材・執筆を担う記者職だけみても、５００人を２００人前後にまで削減している。

「新聞社は言論を担っているが、その経営は一企業と同じ。ジャーナリズムは慈善事業ではない」

アドキンスはそう語った。

縮小せざるを得ない記事

日本では読売新聞の発行部数が1000万部を超え、2位の朝日新聞が800万部を発行している。それらと比較すると、サンフランシスコ・クロニクルの発行部数31万部というのは、とても少ないような気がする。

しかし、サンフランシスコ・クロニクルは、全米で15位に位置する大手新聞社である。ニールセン・オンライン社の調査によると2009年3月時点で、発行部数1位はUSAトゥデーで211万部、2位はウォール・ストリート・ジャーナルで208万部、3位はNYタイムズで104万部、4位はロサンゼルス・タイムズで72万部、5位はワシントン・ポストで67万部と続き、そのあとをシカゴ・トリビューン、アリゾナ・リパブリック、デンバー・ポスト、ダラス・モーニング・ニューズなどの地方新聞が追っている。

この中で全国紙と言えるのは、1位のUSAトゥデー、2位のウォール・ストリート・ジャーナルくらいで、知的階層の人たちによって全国的に読まれている3位のNYタイムズも、基本的にはニューヨークの地方紙と考えられている。

アメリカは州ごとに法律が違うように、地方分権の考え方が強い。州や市町村といった地方レベルで、生活に関連する多くの事柄が決められていく。その地方行政を監視・チェックするという役割を、サンフランシスコ・クロニクルなどの地方紙が担ってきた。

世界新聞協会の統計によると、２００８年にアメリカで発行された新聞は１４０８紙。一方の日本は、日本新聞協会加盟の新聞が１００紙超と、一桁違う。アメリカの新聞のほとんどは、市町村という単位で発行される地方紙コミュニティ・ペーパーだ。日本の25倍という広大な国土をもつアメリカでは、配達網などの問題から全米をカバーする全国紙が発達しにくく、地方ごとに無数の新聞が発行されているのだ。

全米15位の発行部数を誇るサンフランシスコ・クロニクルだが、１９９０年に55万部を発行していた当時の10位からは大きく順位を落としている。記者の大幅なリストラを行っているいま、どのような紙面作りをしているのか。

最初にサンフランシスコ・クロニクルを取材で訪れた２００９年11月9日、月曜日の紙面を見ていくと、国際報道を充実させるＮＹタイムズとは全く異なることが明らかになる。

Ａ（本紙）　14ページ　※国内外のニュース
Ｂ（スポーツ）　12ページ
Ｃ（ベイ・エリア）　8ページ　※地方版
Ｄ（デイト・ブック）　8ページ　※生活情報・ファッション

いわゆる1面にあたる、冊子Aの1ページ目は、前日にサンフランシスコで行われた退役軍人のパレードについての記事、地元のベイブリッジで見つかった亀裂についての記事、地元で起きた殺人事件の裁判についての記事などで、いずれもクロニクル社の記者が書いている。

2〜7ページは国際ニュース。イラク情勢、パキスタンでのテロ、ベルリンの壁崩壊20年などの記事が数本並んでいるが、全てAP通信やNYタイムズの記事を購入して掲載したもの。クロニクル社の記者が書いたものは一つもない。

8〜13ページは、国内ニュースだ。テキサスで起きた銃乱射事件、オバマの医療保険改革などの地元以外の記事は、同じくAPやNYタイムズから配信を受けている。

つまり分量的には海外と国内とがほぼ半々だが、自社で書いている記事は、地元のニュースだけなのだ。

冊子Bのスポーツを見てみよう。大雑把にいうと、NFL（全米フットボール連盟）やNBA（全米バスケットボール協会）の地元チームの動向はクロニクル社の記者が執筆し、地元以外のチームについてはAP通信の記事である。

冊子Cの前半はサンフランシスコの中でも、さらにエリアごとに細分化された記事が掲載される。前半は地域の議会や犯罪についてのニュースや訃報欄。後半は世界や国内の経済ニュース。ここも、地元のニュース以外は、AP通信などの記事を掲載している。

冊子Dは全8ページ。クロニクル社の記者による演劇や健康についての記事が数本掲載されているだけで、それを除くとテレビ欄、映画館上映スケジュール、マンガ、クロスワードパズルで構成されている。

このように見ていくと、アメリカの地方紙の姿がよくわかる。地元のニュースは自社の記者たちが取材するが、それ以外のほとんどは配信された記事を掲載しているのだ。

しかも、サンフランシスコ・クロニクルは大都市の新聞社で、規模も比較的大きいため、国内や世界のニュースに一定量の紙面を割いているが、もっと地方に行くと、それすらなくなってしまう場合が多い。

クロニクル社では、記者の解雇はスポーツや芸術文化、科学などを中心に行い、市政に関わる部分にはできるだけ手をつけないようにしている。また、解雇された記者がフリーランスとして執筆した記事を随時掲載するという契約を結ぶなど、新聞の質が落ちないような努力もしている。

しかし、掲載される記事の分量は確実に減っている。

記事が減れば、読者は必然的に離れていくことになる。販売する商品の質が落ちれば、消費者が買わなくなるのは当然だ。地元の言論への悪影響も心配される。しかし、そもそも新聞社の経営が成り立たなければ、新聞を発行することもできない。それがアドキンスが主張するところの論理だ。瀬戸際に立たされたクロニクル社は、難しい舵取りを続けている。

メディア王のハーストも見捨てる

サンフランシスコ・クロニクルの現在のオーナーであるハースト社は、メディア王として伝説的な人物であるウィリアム・ランドルフ・ハーストが設立した会社で、現在はニューヨークの57番街にハースト・タワーと称される本社を構えている。ちなみに、近くにはNYタイムズの本社ビル「スカイ・スクレーパー」もある。

日本人にも馴染みのある雑誌「コスモポリタン」「エスクァイア」「マリ・クレール」はハースト社が発行しているものだ。

テレビについては30近い地方局を傘下に擁し、新聞では15紙を従え、インターネットにも進出している巨大なメディア・コングロマリットである。

そのハースト社が、2009年2月25日にクロニクル社の買収先を探していると発表。サンフランシスコ・クロニクル自ら1面を使って大きく報じた。タイトルは、「ハースト社がクロニクル社に〝大規模な〟経費削減を要求」。クロニクル社は、ハースト社が買収した翌年の2001年から赤字を出し続け、2008年には遂に1年の赤字が5000万ドルを超えてしまった。リストラが進まなければ、新たな買収先を探すか、廃刊も考えなければならない事態だというのだ。

ハースト社は、その1カ月前の1月9日にも、傘下にあるシアトル・ポスト・インテリジェンサーの買収先を探しており、見つからなければ廃刊すると発表していた。シアトル・ポスト・インテリジェンサーも2000年から赤字が続いていた。新聞発行はハースト社にとって大きな負荷となっていたのだ。

ハーストから待ったなしのリストラを求められたクロニクル。その結末が、がらんどうとなったオフィスなのである。

配達地域縮小による読者「切り捨て」

アドキンスは経営再建のため、社員のリストラの他にも手を打っている。

その一つが紙面サイズの縮小である。以前の紙面に比べると、紙の大きさが小さくなっている。

以前は、縦が56・5センチメートル、横が32センチメートルだった。それが2009年から縦53センチメートル、横28センチメートルになっている。それによって、紙代などのコストを大きく減らすことができる。さらに、以前は1ページあたり縦に6段、記事が印字されていたが、いまでは5段に減っている。

記者のリストラで記事の分量が減ったことを、1ページあたりの文字数を減らすことで、目立たせないようにする狙いもあるのだろう。

この紙面の縮小に伴い、印刷工程も2009年7月、完全に外部委託することにした。

委託先はカナダに本社があるトランスコンチネンタル社。カナダ、アメリカ、メキシコに工場を持つカナダ最大の印刷会社で、社員は1万3500人、2008年の売り上げは24億ドル(およそ2400億円)を誇っている。

トランスコンチネンタル社は、アメリカやカナダで新聞社の経営危機が相次ぐことに着目。経費削減のために印刷のアウトソーシングが進むと考え、積極的な事業拡大を続けている。営業のキャッチコピーは、「その重荷を誰かと分け合いませんか」。新聞社への呼びかけだ。

クロニクル社からの委託を受けたトランスコンチネンタル社は、サンフランシスコ郊外のフレモントに工場を新設。最新鋭の輪転機によってカラー印刷を行っている。

フレモントで実際に印刷工程を見てみると、新聞の印刷がいかにコストがかかる作業かということがわかる。まず、巨大な紙のロールを印刷機にかけ、表裏それぞれ2ページずつ全部で4ページ分を、その長大な紙に印刷していく。全部で48ページ分、つまり印刷された12の長大な紙をそれぞれページごとに裁断し、自動的に機械がページ順に折りたたんで、でき上がる。複雑な作業である。

1時間におよそ10万部を印刷できるというが、頻繁にトラブルが発生していた。高速で印刷しているため、紙がちょっとずれただけで、一気に巻き込んでしまう。巨大な輪転機からそれを全て取り除いて、再スタートし、印刷されてきたものをチェックしていく。トラブルが発生するたびに、何人ものスタッフが飛び出てくる。アウトソーシングしたくなる理由がよく理解できる。

アドキンスは、新聞を印刷することは我々のビジネスの中核ではないと言い切り、「〝印刷業〟から抜け出した」という言葉を使った。

もう一つ、クロニクルは経営立て直しのために大胆な取り組みを行っている。

購読者の少ない地域を不採算地域と位置づけ、配達を取りやめているのだ。

アドキンスの手元には、サンフランシスコとその中心を細かく地区ごとに分け、購読者の数によって色分けした地図がある。購読者が多いサンフランシスコの中心部が濃い赤に塗られ、郊外に行けば行くほどその色は薄くなっている。

その地図を片手に、アドキンスは次のように語った。

「かつては、どこに住んでいても同じ50セントで新聞を読めた。でも、車で1時間運転して配達する費用は10ドルになる。経営を考えれば、そういう地域への配達はやめるしかない」

しかし、購読者数が少ない地域でも、熱心に読んでいる愛読者はいたはずだ。読者を切り捨てることにならないのか。そんな意見に対し、アドキンスは全くひるむこともなく、インターネットでもニュースは配信しているし、読者がどうしても紙で読みたいというなら、特別料金を上乗せして配達していると答えた。

こうした読者切り捨て策がアダとなったのか、２００９年4月からの半年で、サンフランシスコ・クロニクルは発行部数を26％も減らしている。全米の新聞の中で、最大の落ち込み幅となった。

超絶技巧の新聞配達人

新聞配達の現場を取材することにした。

サンフランシスコ・クロニクルから紹介を受けたのは、ノピアというヒスパニック系の女性で、新聞配達を始めて10年以上になるという。

朝4時半、ノピアはランドクルーザータイプの大きな車で現れた。助手席、そして後部座席には配達する朝刊があふれんばかりに積まれている。配達するのは５８０部、そのうち20部はアジア系住民向けの中国語の新聞。残りの５６０部がサンフランシスコ・クロニクルだ。

ノピアの配達方法は、まさに超絶技巧というものだった。

ランドクルーザーを自ら運転しながら、左右の窓を全開にして、右手で右の車窓から、左手で左の車窓から、道沿いに広がる家の軒先に新聞をポンポンと放り投げていくのだ。その手の動きはもの凄い速さで、撮影用のカメラでは追いきれないほどである。時には運転をしながら、左右同時に新聞が飛んでいく。

本当に購読者の自宅に届いているのか。玄関先や前庭の植え込みの向こうに無雑作に放り投げているように見えるが、未明の薄暗がりの中、目を凝らしてみると、確かに的確な場所に届けられている。相当の熟練の技であった。

時々、「これはスペシャル・サービスです」と言いながら車を降り、配達先の家に近づいて、さっと朝刊を放り投げる。それらの家は玄関のドアが階段の上にあり、車からの投函ではさすがに届かないようだ。しかも、長い階段の下から放り投げる新聞がまた、的確に玄関のドアの前に落ちるのだ。

配達は、坂の多いサンフランシスコの住宅街を走り回って行われる。配達車は時に時速60キロメートルの速さで住宅街の複雑な道を駆け抜ける。ノピアは、こうしてサンフランシスコ・クロニクルの宅配を支え、2人の子どもを養うための給料を手にしている。

読者の自宅まで一軒一軒、朝の暗がりの中で朝刊を配達するのは至難の業であり、宅配制度を維持するには、相当のコストがかかるのである。

アドキンスは、「我々はかなり〝賢く〟なった」という言い方をした。どれだけの購読者がいれば宅配制度を維持し、収入が得られるかを厳密に計算したのだという。

配達の停止は読者の信頼を損ない、自らの首を絞めかねない決断のように思えるが、アドキンスの思惑どおりにはたしてことが運ぶのだろうか。

壊滅的な打撃を受けている新聞広告

サンフランシスコ・クロニクルの経営危機の最大の原因は、広告収入の大幅な落ち込みだ。収入の8割を占めていた広告が、壊滅的な打撃を受けている。

広告収入のうち、最もダメージが大きいのは、クラシファイド広告と呼ばれる3行広告だ。7、8年前の新聞をめくると、通常の紙面広告とは別に、10ページにわたって3行広告が全面を埋め尽くしている。

3行広告といっても、求人だけではない。例えば不動産関連を見ると、企業の広告だけでなく、不動産を売りたい個人や特定の地域で不動産を探している個人など、一般の人たちも広告を寄せている。ワールドシリーズのチケットを売りたい人・買いたい人による広告もあれば、ソファーを売りたい人・買いたい人、冷蔵庫を売りたい人・買いたい人、といった情報交換の場にもなっていた。

ところが、いまではこのクラシファイド広告は1週間に一度、しかも1ページしか掲載されていない。全てインターネットに流れてしまったのだ。

その吸収先は、１９９０年代中頃に登場したクレイグズ・リストと呼ばれるサイトだ。無料で3行広告を載せることができ、ユニーク・ビジターが６４０万を超えるという爆発的なヒットを記録している。このサイトは新聞の3行広告のように、不動産、車、家具といったカテゴリーに分けられているだけでなく、売り・買い・レンタル・賃貸のように細かく分類され、利用者にとってはわかりやすい。

クレイグズ・リストは、コンピュータに詳しかったクレイグ・ニューマークが考えたものだ。最初はサンフランシスコのイベント情報を友人と共有することが目的だったが、利用者が急増したことから、ニューヨークなど大都市の情報サイトを立ち上げ、現在のようなかたちに発展させていった。業績は公開されていないが、黒字経営を続けているといわれている。

クレイグズ・リストに乗っ取られたクラシファイド広告だけでなく、通常紙面の広告も大きく減っている。

クロニクル社の大口の広告主は、自動車会社ゼネラル・モーターズ（ＧＭ）や、大手百貨店メーシーズだが、いずれもリーマン・ショックに端を発する経済危機の影響で大打撃を受けている。ＧＭは２００９年6月に連邦破産法第11条の適用を申請した会社であるし、小売業全般が深刻な経営不振にあえぐ中、メーシーズも２００９年に従業員７０００人を削減、10店舗を閉鎖を決めるなど、厳しい経営環境にある。両社を筆頭にどの企業も深刻な経済危機の中で、広告費を大幅に縮小せざるを得なくなっているのだ。

しかし、広告費の落ち込みは経済危機だけが原因ではない。それ以上に、深刻な問題がある。それがインターネット広告への急速な転換だ。

サンフランシスコ・クロニクルは、以前は紙面全体の6割を広告が占め、記事の割合は4割だったが、いまでは逆転して広告が4割、記事が6割になった。記事が増えたように見えるが、そうではない。すでに書いたように、全体のページ数が減り、新聞そのものがビジネスとして縮小しているのだ。

「この経済危機を乗り越えたとしても、企業からの広告収入は元には戻らない」と、アドキンスをはじめ、多くの関係者が考えている。

百貨店担当者の冷たい一言

クロニクル社では広告の落ち込みを食い止めようと、担当者が地元企業に営業回りを続けている。その現場を取材し、苦境を目の当たりにした。

2009年11月、クロニクル社は、トランスコンチネンタルに委託している印刷をグレードアップさせた。紙質を変え、印刷された写真がより鮮明に映えるような工夫をほどこしたのだ。

実際、紙に艶があり、手触りもつるつるとしていて日本の新聞に比べて高級感がある。カラー写真の解像度もとてもよく、きれいに見える。アメリカでも新しい取り組みと注目されていた。

この印刷技術の導入によって、ニュース写真だけでなく、ヴィジュアルな広告もより鮮明に印刷されるため、企業からの引き合いが多くなるとクロニクル社は目論んでいた。

営業担当者の名前はフレッド・エリソン。にこやかに笑う紳士的な人物だ。新しく印刷されたその日の朝刊を手に向かったのは、百貨店のブルーミングデールズのサンフランシスコ店だった。クロニクル社と同じミッションストリート沿いにあり、200メートルほどの距離だ。

ブルーミングデールズは、全米に展開する百貨店チェーンで、ニューヨークにある同店は日本人にも多少馴染みがあるかもしれない。高級品を扱っているため、サンフランシスコ・クロニクルを購読する裕福な家庭をターゲットに、長年、紙面に広告を打ってきた。

百貨店の担当者は、若い男女で、黒いスーツを颯爽と着こなしていた。エリソン氏は、二人に会うと、早速新しい紙面の宣伝を始めた。新しい印刷技術による広告なら、アクセサリーや化粧品、高級家具の宣伝効果を高めることができるというのが売り文句だった。

それに対して、百貨店側の二人は次のようなことを言った。

「私たち、自宅では新聞を購読していません」

一人は時々新聞スタンドで買うことがあるが、もう一人はインターネットでニュースはチェックしても、新聞は買わないという。ブルーミングデールズは、今後インターネットしか見ない若者をターゲットにして、インターネット広告にシフトしていくことを検討しているという。

新聞の営業に未来はあるか

ブルーミングデールズは、オンラインを通じて、さまざまな販売戦略を展開し始めている。自社のホームページでオンラインカタログを公開し、同じ内容の印刷されたカタログを、ダイレクトメールとして登録者に郵送。メールを使って買い物情報も配信している。さらに、フェイスブックやツイッターを利用して、情報を発信する消費者──「追っかけ層」と彼らは名づけていた──とやりとりしたり、自分が買った商品の情報を頻繁に書いているブロガーとも情報交換を行っている。

インターネットの登場によって、企業が直接、顧客にアプローチすることが容易になった。高額の費用をかけて紙面に広告を出すよりも、より効果的にコアな顧客に訴えかけることができるようになったのだ。

こうした中で「新聞に広告を出すことは、商品を売るためというよりも、地域の言論をリードする新聞に広告を出しているという、ブランドイメージを高める意味合いが強くなってきている」と百貨店の担当者は語った。

顧客に商品の購買を働きかける広告と、企業のブランドイメージを高める広告。企業は既存メディアに依存してきた広告を厳密に吟味し始めている。

クロニクル社による新しい艶出しの紙面は、ブランドイメージを高めたいという広告主の意向に沿うかたちで始められたが、思惑どおりにはいかないようだ。インターネットの登場で、広告媒体としての新聞の役割が小さくなっていくのは、ほぼ必然的な流れである。

新紙面を売り込みにいったはずが、構造的な問題を突きつけられたサンフランシスコ・クロニクル社のエリソン。営業回りが終わった別れ際、こう語った。

「いま大きなパラダイムチェンジが起きている。レコードやカセットテープがCDに取って代わられたように、市場が求める新しいメディアを開発するしかない」

インターネット版の閲読時間は17秒

クロニクル社も、インターネット上に無料で閲覧できるニュースを配信している。

サンフランシスコ・ゲート（SFゲート）と呼ばれるサイトで、写真を多用し、地元の事件や事故、議会の動きだけでなく、エンターテインメント情報やグルメ情報まで掲載している。ツイッターも活用し、読者の声も積極的に取り込んでいる。

さらにSFゲート内にもクラシファイド広告（3行広告）の欄を設けるなどして、インターネットにパイを奪われてしまったシェアをなんとか取り戻そうとしている。広告を求人、不動産、自動車、それ以外の売り・買い、と4つのカテゴリーに分け、登録すれば、誰でも無料で案内広告を載せることができるようになっている。

このSFゲートの設立にあたっては、同じカリフォルニア州シリコンバレーにあるグーグルやヤフーといった企業の協力を得て、内容を充実させたという。

しかし、このSFゲートも苦戦を強いられている。

ニールセン・オンラインの調査によれば、2009年4月時点でのSFゲートのユニーク・ユーザー数は349万人。新聞の発行部数の実に10倍である。新しいビジネス・モデルとして期待が高まるが、そのユニーク・ユーザー数も、1年前の2008年4月に比べて、9%減少している。

インターネットを研究しているヒーサー・ダフティは、ユーザーたちが新聞社のニュースサイトをどのように訪問しているかを分析した。その結果、22%がグーグル、ヤフー、MSNなどの検索エンジンを経由していることがわかった。さらに、それ以外の22%がテレビ局のニュースサイトやグーグルニュースなどのアグリゲーターのページなど、他のニュースサイトを経由してきている。

つまり、ネットサーフィンをする中で「たまたま」新聞社のニュースサイトを訪れた人たちがユーザーの44％、半分近くを占めていることになる。

では、新聞社のニュースサイトを訪れた人たちは、どれくらい熱心に記事を読んでくれているだろうか。

ニールセン・オンラインの２００９年9月の調査によれば、SFゲートのサイトを訪問した人の月間滞在時間は、8分19秒。これは1日ではなく、月間の数字である。1日平均にすると、17秒程度しかない。NYタイムズやウォール・ストリート・ジャーナルなど大手5社のサイトでも、平均すると月間13分の滞在時間しかない。滞在時間が一番長かったのは、セントルイス・ポストで、33分17秒。それでも、1日平均にすると、1分をわずかに超える程度だ。

これらを総合すると、新聞社のニュースサイトを訪れる人たちの多くは、①検索エンジンで目にとまった読みたい記事を閲読して、すぐに別のサイトに移ってしまう、②他のニュースサイトを複数飛び回りながら、新聞社のニュースサイトを閲読して、あっという間にまた別のサイトに移ってしまう、というスタイルが浮かび上がってくる。

若者の大多数がニュースに関心なし

２００９年5月の上院議会合同商務委員会によるマスコミ関係者を集めた公聴会には、グーグルの副社長マリッサ・メイヤーも招かれ、読者の側の変化について興味深いことを発言している。

「消費者は〝個別の消費〟に移っている。例えば音楽の世界では、アルバムを丸々一枚買わず、自分が気に入った曲だけを選んでネット上で購入している。読者はあらゆるニュースを盛り込んだ紙面ではなく、気になる記事だけを選ぶという購読スタイルを強めているのだ」

新聞はページをめくりさえすれば、何が大事なニュースなのか、その軽重を見出しや写真によってわかるような紙面作りをしてきた。「一覧性」と呼ばれる新聞の優位性もここから導き出されている。

しかし、グーグルのメイヤーが指摘しているのは、アメリカの読者はもはや、そのようなものを求めていないということだ。インターネットでは気になる記事だけを読むのであって、NYタイムズがどのような価値基準に基づいて、どのような紙面を構成しているかには関心がなくなっているのだ。

クロニクル社などの新聞社にとって、紙媒体だけで勝負している時代は、他の新聞社を競争相手に考えていればよかったが、インターネットの登場によって、新聞は情報源の中の一つに成り下がってしまった。

一方で、新聞を読んでいる人たちは、どれくらいの時間を費やしているのか。ノーザン大学が2008年に新聞購読者を対象に調査した報告によれば、平日の平均閲読時間は1日27分、日曜日は57分となっている。新聞を手にする人たちは、ネットユーザーよりも圧倒的に時間を多くかけて読んでいる。

しかし、新聞購読層は高齢化が進んでいる。若い世代はほとんど新聞を読まないと言われるが、事態はさらに深刻で、新聞というよりもニュースそのものへの「関心」が低くなっているのだ。

2007年に、ハーバード大学などが10代の若者と20代の成人に調査している。その結果、新聞をよく読むと答えたのは、10代では5％、20代の成人では7％だけだった。インターネットのニュースサイトを見ているかというと、そうでもない。よく利用すると答えたのは10代で8％、20代の成人では13％で、新聞より若干多い程度だ。

このように大多数は「ニュースに全く関心がない」という結果が導き出され、この内容は米国議会でも報告された。

新聞社とは思えない〝会議の中身〟

クロニクル社のアドキンスは、親会社のハースト社で長年広告営業を担当してきた広告のプロ。社長室では現場の担当者と頻繁に電話でやりとりしている。紙媒体、インターネット部門それぞれで売り上げ目標が明確に決められ、その達成度合いを議論しているのだ。

「インターネット部門の目標は150万ドルだ。まだ110万しか達成できていないじゃないか」

このように檄を飛ばすことも多い。広告の売り上げが新聞の生命線を握っているからだ。

経営改革に大鉈を振るったアドキンスは、新聞1部を1週間発行するのにいくらかかっているのかを算出した。取材、執筆、広告営業、印刷、配達全てのプロセスを合計すると、14ドル前後になることがわかった。

そして、その14ドルの必要経費をどう捻出するか。まずは、広告の売り上げを少しでも伸ばさなければならない。そこで、広告の売り上げ目標が、週ごとに設定されるようになった。

また、艶出しの新紙面に加えて、今までの第1面の上に、さらにもう1枚、半分の大きさで縦長の紙面を作り、そこを全面広告にするという新しい試みも始めた。朝刊を手にとると、まず目に飛び込んでくるのは、その広告になる。さっそくベライゾンという携帯電話会社が飛びつき、広告を打った。目標達成のため、広告主の要望に沿って、なりふり構わぬ取り組みが行われているのだ。

アドキンスは、毎週水曜日の朝9時に広告局の営業担当者を集めて、最新の情報をチェックする。その会議に同席し、取材することを許されたのは、11月中旬のことだった。この日は月末から始まる感謝祭、そして12月のクリスマス商戦が話題となった。

「映画欄の割合を増やしてはどうか。感謝祭の連休が近づき、人々の関心が高まっているので、広告に結び付けられるはずだ」

「百貨店のメーシーズが、クリスマス商戦の前に1日限りのセールをやるという情報が入った。何とかして広告を勝ち取りたい」

広告局のスタッフは、次々と現状報告や次の営業の狙いを報告していく。アドキンスは黙ってその報告を聞いている。

この会議には編集長のワード・ブッシーも毎週出席している。記事の内容を統括する編集長に、会社の経営状況を把握させることがアドキンスの狙いだ。ブッシー編集長が発言した。

「新しい艶出しの紙面は、うまくいっていると思う。先日のスポーツ第1面のフォーティナイナーズの写真は見事だった。他の新聞に比べて差別化ができると思うので、広告獲得に結び付けて欲しい」

それを受けて発言したのはアドキンスだった。

「皆知っているように、先週は黒字だった。しかし、今週は赤字に戻り、2週連続での黒字は達成できなかった。ニューヨークのハースト社からは、早く2週連続の黒字を達成しろと言われている」

広告局の会議だから仕方がないが、記事内容については一切議論されず、ただ営業がうまくいっているかどうかだけがテーマだった。数字だけに焦点を当てている話し合いだったので、「これが新聞社の姿なのか」と驚いた。

オフィスに戻ったアドキンスはこう繰り返した。

「ジャーナリズムは無料ではない。利益を上げなければ、民主主義の重要な機能としての新聞は守れない」

禁断の新聞代値上げ

さまざまなリストラを断行する前、新聞1部を1週間発行するための必要経費は14ドルだったが、アドキンスは、それを11ドルにまで切り下げることに成功した。それは、印刷を外部委託し、記者も含めて社員を大幅に削減し、紙面の縮小も行い、読者の「切り捨て」とも言える不採算地域への配達停止にも踏み切った結果だ。

さらにインターネットでのビジネスを積極的に展開し、広告営業にも力を入れてきた。それによって、必要経費をおよそ20％削減することに成功した。アドキンスは、「もはやこれ以上の削減は無理というところまで来た。コストセンター（経費を食う部門）は我が社にはもはや存在しない」とまで言い切った。

そうすると、問題は、新聞を発行するための必要経費をどう調達するかということになる。

これまでは8割を広告収入に頼り、残りを購読料によって補ってきた。いわば広告収入によって、読者には安い価格で新聞を販売することができていたことになる。

しかし、広告収入については、すでに見てきたようにインターネットの登場によって激減している。仮に景気が回復しても元には戻らないであろうと誰もが思っている。

そこで、アドキンスは大きな賭けに出た。

２００９年に、前年まで週４・７５ドルだった講読料を一気に７・７５ドルまで値上げしたのである。実に60％強の値上げだ。日本でも２０１０年から日本経済新聞が、朝刊一部１４０円を１６０円に値上げしたが、これと比べても、サンフランシスコ・クロニクルの値上げ幅の大きさがわかるはずだ。

サンフランシスコ・クロニクルは、値上げに対する見返りとして写真の解像度がよく、高級感のある紙を使った紙面を提供している。しかし、それだけで読者が満足するのか、にわかには信じがたい。

案の定、この大幅な値上げの結果、読者はさらに20％近く減少してしまった。読者からは、「こんなに高額ならば、もう要らない」「無料でニュースを検索できるインターネットがあるから、購読はやめる」という声が殺到したという。

しかし、アドキンスは「その購読者数の落ち込みも織り込み済みである」と言い、少なくとも表面上は強気の姿勢を崩さない。もちろん、購読者が減らないことが一番であるが、ある程度減っても、固定客が残ってくれればよい。そのギリギリの採算ラインとして、60％の値上げを決めたというのだ。

「もはや広告収入を期待できる時代はこない。だから、毎朝、自宅のドアまで配送される製品の価格を、消費者に負担してもらうしかないんだ」

第三章 続々と消滅する新聞

NYタイムズの記事「新聞社に悪いニュース」

2009年3月12日、NYタイムズはビジネス面で「新聞社に悪いニュース」という記事を発表した。経営破綻した新聞社が出ており、新聞を廃刊にしたり、売却先を探したりという動きが全米に広まっているという内容だ。

記事にはアメリカの地図が添えられ、主な新聞の発行部数が色分けされていた。例えばロッキー・マウンテン・ニューズは、20%以上の減少で濃げ茶色に塗られている。前年に1600億ドルの損失を出し、この記事の2週間前、2月27日に廃刊になったと記されている。

第二章で取り上げた、サンフランシスコ・クロニクルも10%以上の減少。名門紙のシカゴ・トリビューンを傘下に収めるトリビューン社は経営破綻。そして、自分たちNYタイムズも発行部数が10%以上減少したとして、やや濃い目の茶色に塗られている。

この日、メディア担当のペレツペーニャも新聞社の行方についての記事を書いている。

この1、2年の間に全ての地方で、2紙のうちの1紙は廃刊に追い込まれるだろうという専門家の言葉を紹介しているのだ。

アメリカでは、たいていの地方で2つの地方紙がライバルとして競い合ってきた。ライバル同士は、記事の内容が民主党系と共和党系に分かれ、地方の論壇を形成していることが多い。地域に1紙しかない状態は、二大政党制のなかで言論が偏ってしまう危険性をはらんでいる。

アメリカには、大きく分けて3つのタイプの新聞がある。

1番目は、NYタイムズやウォール・ストリート・ジャーナル、USAトゥデーのような、国内外のニュースを幅広く伝え、独自の取材網も持っている、日本でいう全国紙に近い大手新聞。2番目は、サンフランシスコ・クロニクルなど大都市を中心にした都市圏をカバーする都市型新聞。そして3番目に、地方の市町村レベルを単位にするコミュニティ紙に近い小さな新聞社。それ以外にも週刊であったり、週に数日だけ発行という新聞まであわせると、アメリカには無数の新聞がある。

それらがいま、急速に姿を消している。

有料の日刊紙は、2004年に1457紙あったが、2008年には1408紙まで減っている。減少幅は約3%である。発行部数は、全米全体で5460万部から4860万部まで減

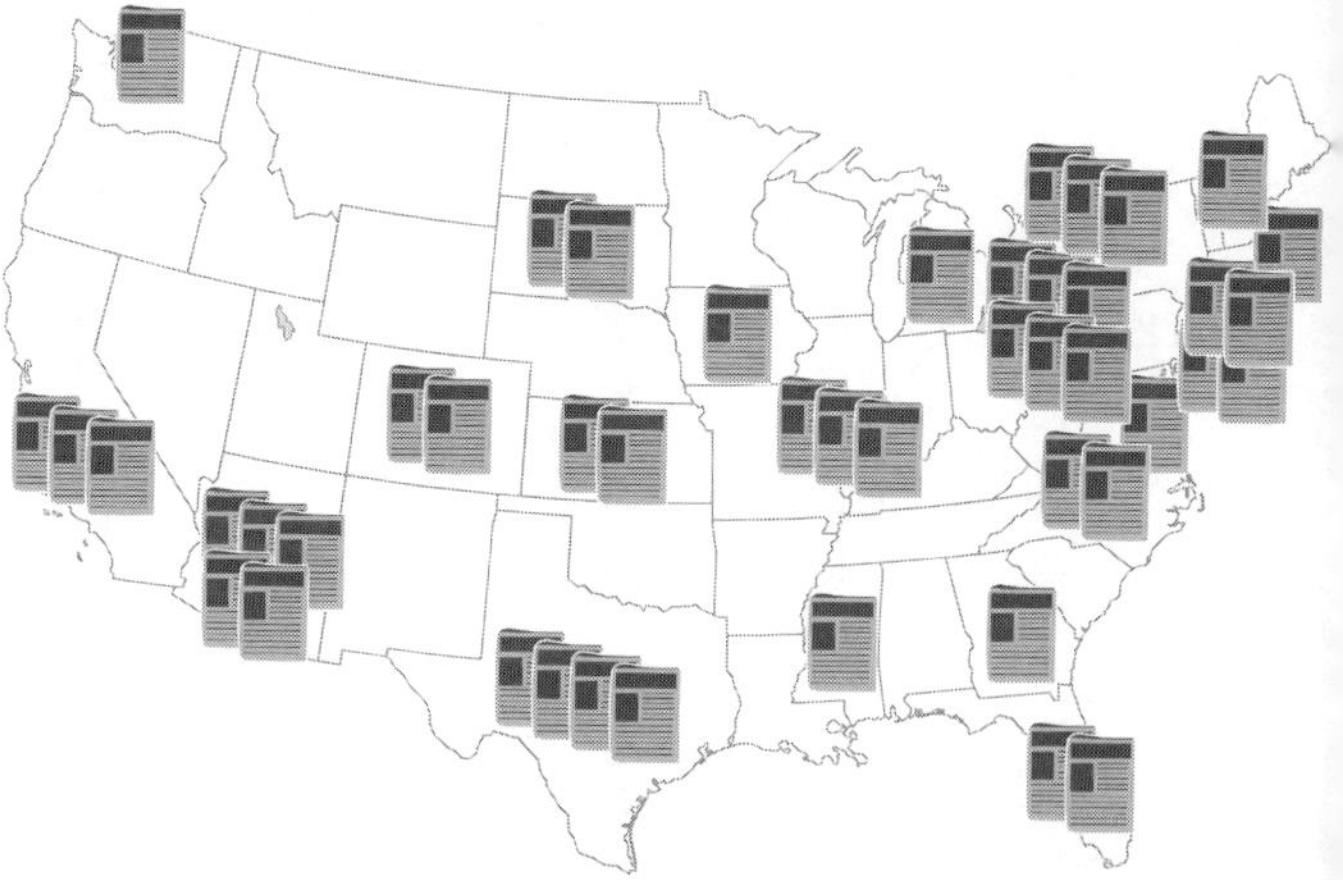

● アメリカ各州で廃刊になった新聞の数
（出典：Paper Cuts）

少し、10%を超える６００万部の落ち込みを記録している。その後、２００９年に入り、新聞の廃刊が急速に増えているが、その公式なデータはまだない。

新聞社の経営動向をウォッチしているペーパーカッツという民間の調査サイトをもとにして、２００９年から２０１０年3月までに紙の発行をやめた新聞を上の地図にまとめてみた。コミュニティ紙のような発行部数の小さな新聞や、インターネットに特化した新聞もあるが、トータルで50紙近くある。そのボリュームは十分感じられるだろう。

このまま廃刊が続くとすると、9年で、発行部数は２０００万部を切り、現在の約40%にまで減ってしまう。

破産したシカゴ・トリビューン

日本人でもその名をよく知る有名新聞の多くが、経営悪化に直面している。最も大きなものは、２００８年12月8日、シカゴ・トリビューンやロサンゼルス・タイムズという新聞を発行していたトリビューン・グループの破綻だ。

新聞としては全米十指に入るシカゴ・トリビューンは、不動産業のサミュエル・ゼルの支配下にあり、大リーグのシカゴ・カブスも保有しているが、広告収入の減少が大きく影響し、債務返済の見通しが立たなくなったことで、連邦破産法第11条の適用を申請。負債総額は１３０億ドル（約1兆２０００億円）に上った。

シカゴ・トリビューンは、１８４７年の創刊。１９２５年からシカゴの中心部にあるゴシック・トリビューン・タワーにオフィスを構えている。自ら「世界で最も偉大な新聞」と豪語していたが、２００６年には６７０人いた取材記者を４３０人にまで減らし、２００９年４月にはさらに編集部の人員53人を削減した。

実はこのトリビューン・グループ、連邦破産法第11条を申請する1年半前の２００７年４月にオーナーが代わったばかりだった。経営が悪化する中で、２００６年秋ごろから入札による売却を進め、82億ドル（約９６００億円）で落札したのが、現在のオーナー、サミュエル・ゼルである。ゼルは不動産王とも言われ、個人資産は50億ドル、当時「フォーブス」誌の世界富豪ランキングで158位にランキングされていた。

　買収された当時、シカゴ・トリビューンの社長は、これで経営の自由度が高まると前向きに受け止める発言をしていた。しかし、現実には経営合理化がどんどんと推し進められ、現場との軋轢が生まれることになった。トリビューン・グループの新聞では、取材・編集経費の大幅な削減に対して編集主幹が反対の声をあげるも、相次いで解任されるという事態に陥った。結局、編集主幹は3年間で4人も入れ替わった。

　そうした経営陣と現場の記者の対立の末、トリビューン・グループは破産という、あわれな結末に至ったのだ。

全ての支局を閉鎖したワシントン・ポスト

　2009年2月27日には、創刊147年、コロラド州で最も長い歴史を誇るロッキー・マウンテン・ニューズが廃刊になった。最後の紙面の1面見出しは、「グッドバイ・コロラド」だった。

　ロッキー・マウンテン・ニューズは、全米35位の発行部数22万5000部を誇り、ピューリッツァー賞もたびたび受賞していた。

　マーク・コントラレス副社長は、「今後5年間、毎年40％の利益が上がっても、現在の半分の記者の雇用しか維持できない」と紙面でコメントした。2008年に1600万ドルの赤字を計上し、オハイオ州に本社を置く親会社のE・Z・スクリップ社が、売却先を探していたが見つからず、結局廃刊に追い込まれてしまった。このロッキー・マウンテン・ニューズの廃刊は、日本でも惜しむ声が多い。

NYタイムズと並ぶ高級紙ワシントン・ポストも、急速に経営が悪化。取材体制を縮小している。ピーク時には編集部に900人いたが、現在は700人にまで削減されている。2009年5月には、経営悪化をみかねたワシントン州のグレゴワール知事が、新聞業界を対象とした特別減税を承認、新聞社や新聞の印刷会社に対する主な州税を40%減税した。これによって同州の新聞業界は150万ドルの負担軽減につながると、ワシントン・ポスト自身が報じている。

このワシントン・ポストの経営悪化をめぐって大きな話題になったのが、「ワシントン・ポスト・サロン」をめぐる一連の騒動だ。

ワシントン・ポストの社主キャサリン・ウェイマスが、政府高官や政治家を自宅に招待してディナーパーティを開き、1回2万5000ドルの会費を払えば読者もその場に参加できるというセミナーを企画。政治専門紙として築いた政界への太いパイプを利用し、高額のセミナー参加費を取って特定の読者に売ることで、収入を得ようと考えたのだ。

結局、この「ワシントン・ポスト・サロン」は、ワシントン・ポストの元記者たちの告発によって中止に追い込まれる。権力を監視することが新聞の役割だとすれば、経営悪化の中でワシントン・ポストは道を踏み外してしまったと言える。

11月末には、ワシントン圏以外にあった3支局、ニューヨーク、ロサンゼルス、シカゴを閉鎖すると発表した。これまで国内の支局を次々と廃止してきたが、この3支局の閉鎖によって、ワシントン圏の外からは一切の支局が消えてしまうことになる。

このときの発表で、ワシントン・ポストは「全米をカバーする報道機関ではなく」、強みである「ワシントンの視点」をより強化していくことになった、とその背景を説明している。政府や議会の報道に人材を集中し、他地域への取材は出張によってカバーしていくという。ワシントン圏に特化することで生き残りを図ろうとしているのだ。

ちなみに、ワシントン・ポストのホームページを見ると、「タイムライン」と称する社史のページには、20世紀後半からほぼ毎年のようにさまざまな記述が続くものの、２０００年を最後に情報がアップデートされていない。２０００年に入り、子供向けのキッズ・ポスト、若者向け日曜版サンデー・ソースの配布を始めたという記述があり、２００４年にワシントンで発行されているスペイン語の無料週刊誌「ティエンポ・ラティノ」を買収したという記載のあと、２０１０年まで空欄のままである。

イチローの地元紙も廃刊へ

次に挙げるニュースは大リーグ好きならば、驚くに違いない。

２００９年3月17日、イチローの所属するシアトル・マリナーズの本拠地シアトルの地元紙、シアトル・ポスト・インテリジェンサーが廃刊になった。シアトル・ポスト・インテリジェンサーは、イチローの動向を伝える記事の発信源として知られ、ハースト・コーポレーションの傘下にあった発行部数11万６０００部の大手新聞社だ。

１９９８年には、発行部数20万部を誇っていたが、約10年で半減、遂に廃刊に追い込まれた。廃刊にともない、社員１４０人を削減し、インターネット配信に特化して生き残りを図ることになった。大手新聞が紙媒体を一切やめ、全面的にインターネット版に移るのは初めてのことだ。

高級紙クリスチャン・サイエンス・モニターの廃刊も大きな話題となった。通信社などからの配信に頼らず独自の取材網を世界に張り巡らし、国際的な評価を高めてきた同紙は、ピーク時には20万部以上あった。しかし、発行部数がじわじわと減り、５万部にまで落ち込んだ。そして、遂に紙面発行を日曜版のみに限定し、紙からの撤退を決めたのだ。世界中で読者を獲得し、早くからＰＤＦ版での配信を続けてきた中での大きな決断だった。

日本人にはやや馴染みが薄いが、発行部数20万部を誇るマイアミ・ヘラルドの人員削減をめぐる紆余曲折は、特筆に値する。

経営悪化によって2008年6月に社員250人を削減、さらに2009年3月には175人を削減、そのリストラのスピードは半端ではない。その中で起きたのが、細分化された地域欄の編集をニューデリーにあるインド企業に外部委託するという動きだった。見出しやデザインを外注するという発表だったが、新聞社が紙面作りをアウトソーシングするという事態に業界は騒然となった。紙面作りは新聞にとって最も重要な部分ではないか、それを手放してよいのかという議論が巻き起こった。

結局、この方針は、すぐに撤回されることになった。たとえレイアウトといえども、ニュースの軽重の判断に関わるため、外部委託するわけにはいかないというのが最終的な判断だった。

一般企業のアウトソーシングは着実に進んでいるが、新聞にとって最もコアな紙面作りを外部に任せてまで、経営の立て直しを図らなければならない状況に追い込まれているのだ。

オバマも言及した新聞危機

アメリカ新聞業界の苦境に対しては、オバマ大統領も危機感を強めている。

2009年5月9日、ワシントンで新聞記者などのメディア関係者を招いたディナーパーティが開かれた。そこで、新聞業界が瀕死の危機にさらされていることについて、懸念を表明したうえで、こう語った。

「新聞のない政府、活力あるメディアが存在しない政府は、アメリカの選択すべき道ではない」

時に政府を厳しく非難することのある報道機関に対して、このような言葉が大統領の口から出てくることは、アメリカという国にとって新聞がどれほど重要な存在かということを物語っている。アメリカ議会では、新聞が担ってきたジャーナリズムを今後、どのように維持していけばよいか議論が始まっているが、それについては第五章で詳しく触れる。

オバマ大統領のこの演説は、実は200年以上前の1787年、のちに第3代大統領となるトーマス・ジェファーソンの言葉がもとになっている。

「新聞のない政府をとるか、政府のない新聞をとるか。どちらかと言われれば、躊躇なく後者を選択する。ただし全ての人が新聞を手にとって読めることが条件である」

政府がなくなっても、新聞さえあれば、健全な民主主義社会が維持できるというのだ。

ジェファーソンは、アメリカ独立宣言の起草者であり、合衆国憲法を制定したメンバーの一人でもある。

そのジェファーソンによる合衆国憲法修正第1条はこうである。

「合衆国議会は言論または出版の自由を制限する法律を制定してはならない」

この修正第1条は、アメリカの最高法規として報道の自由を保障してきた。

ジェファーソンは、「権力は腐敗する」ものだということを前提としており、そのために権力を監視するシステムが必要不可欠だと考えていた。そこで重要な使命を担うとされたのが、新聞だ。18世紀後半、リパブリカン党を率いたジェファーソンは、フェデラリスト党のアレキサンダー・ハミルトンとの間で、新聞の紙面を使って激しい論争を繰り広げたことで知られる。こうした論争を通じて、新聞が果たす「言論」という機能の重要性を肌身で感じていたのだろう。

そして、それはオバマ大統領の言葉へと引き継がれている。

消えゆくピューリッツァーの遺伝子

新聞危機に直面するアメリカで、いま、盛んに口にされる有名な言葉がもう一つある。

「我が共和国の興亡は、新聞とともにある」

優れた報道に対して贈られる、世界で最も権威あるピューリッツァー賞の生みの親、ジョゼフ・ピューリッツァーの言葉である。ピューリッツァーも、アメリカの新聞について語るうえで欠かせない人物だ。

1917年に創設されたピューリッツァー賞は、毎年4月に受賞者が発表される。文学や演劇などの部門もあるが、本書ではジャーナリズム部門に絞って話をすすめることにする。ジャーナリズム部門は、アメリカで発行された新聞に掲載されることが条件となっており、例えば、日本の新聞だけに掲載された記事はどんなに優れた報道であったとしても受賞の対象とはならない。また、新聞などの印刷媒体だけが審査対象となり、テレビやラジオといった放送メディアは対象外だ。

ピューリッツァー賞の歴史は20世紀初頭に始まる。ジョゼフ・ピューリッツァーが１９０３年にコロンビア大学に２００万ドルを寄付し、１９１２年にジャーナリズム大学院が開設された。さらに、ピューリッツァーの遺志により、２００万ドルのうち50万ドルがピューリッツァー賞の基金にあてられ、以後、ジャーナリストが切磋琢磨する場となっていった。全米の記者たちが、一度はこの賞を手にしたいと思い、毎日取材現場に向かい、記事を執筆しているといっても過言ではない。

ピューリッツァーは１８４７年にハンガリーで生まれ、17歳の時にアメリカへ渡った。ベストリッツへ・ポストという新聞社で記者として働き始め、１８８３年に、のちの彼のベースとなるニューヨーク・ワールドの経営権を手に入れる。

ピューリッツァーは、「イエロー・ジャーナリズム」と呼ばれる、スキャンダル記事やセンセーショナルな記事を前面に押し出した紙面作りを進め、１万５０００部だった発行部数を60

万部にまで伸ばすことに成功した。

なお、この時期、ピューリッツァーとともに、新聞業界で二大巨頭として熾烈な競争を繰り広げたのが、『市民ケーン』のモデルとなったウィリアム・ランドルフ・ハーストである。この時代、まさに新聞は「輝いていた」。

ピューリッツァーは、時の政権や巨大企業に対しても、真正面から対峙した紙面作りをしていた。

よく知られているのは、１９０９年のフランス・パナマ運河会社をめぐる不正疑惑の報道だ。当時大統領だったセオドア・ルーズベルトが、パナマ運河の採掘権獲得をめぐって、４０００万ドルのリベートを手にしていたという報道を展開する。ルーズベルトは記事が名誉毀損にあたるとしてピューリッツァーを訴えるが、最終的に最高裁で訴えは棄却された。理由は、言論の自由はほかの何ものにも優先するというものだった。

イエロー・ジャーナリズムと言われながらも、権力に真っ向から挑み続けたこうしたピューリッツァーの精神が、のちのワシントン・ポストによるウォーターゲート事件報道、ＮＹタイムズによるペンタゴン・ペーパーズ報道へとつながり、アメリカ新聞界のバックボーンになっていった。

現在もコロンビア大学ジャーナリズム大学院の建物に入ると、エントランスの左手にピューリッツァーの言葉が掲げられている。有名な「我が共和国の興亡は新聞とともにある」という一節から始まり、次世代の優秀なジャーナリストを育てていくことが、アメリカ社会の発展のためには必要不可欠だと続いている。

しかし、もはやノスタルジーに浸っていられる時代ではない。ピューリッツァーの名が残るピューリッツァー社は2005年、リー・エンタープライズに14億ドルで買収されている。ピューリッツァー亡きあとも、ポスト・ディスパッチなどの新聞を傘下に置いていた伝統の会社は、アメリカ新聞業界にはもはや存在しない。

新聞が消滅の危機に至るまで

アメリカの新聞は、これまでラジオやテレビの登場、大恐慌といった数々の危機を乗り越えてきた。

1929年は、ラジオという新しいニュース・メディアの登場とともに、大恐慌が新聞への脅威となった。新聞社は軒並み広告収入の減少に直面し、1929年からの4年間で、45%という急激な落ち込みを記録した。多くの記者も含め、新聞社で働く社員のおよそ3分の1が会社を去ったとされている。

この大恐慌の時代にもかかわらず、当時の新しいメディアであるラジオは、経営悪化に苦しむ新聞を横目に広告収入を伸ばしていたという。金融危機に直面し、新聞が危機にさらされる一方で、広告収入が伸びているインターネットに似ている。

次に襲ってきたのは、テレビの普及だった。1960年代には、ニュースの情報源として新聞を上回るようになり、企業の広告も新聞からテレビへと移っていった。

この時、新聞業界は生き残りをかけて、政治に働きかける。

その成果が1970年の「新聞救済法」である。独占と集中を排してきた新聞業界への規制が緩められ、ライバル社が印刷を共同で行ったり、価格を安定化させたりしてもよい、という競争緩和策が推し進められた。

この法律によって、独占と集中が始まった。アメリカの新聞社は系列化を進め、巨大なメディア・グループの傘下に入ることで、それぞれが生き残りを図ることになった。

そうして形成されたのが、シンシナティ・インクワイアラーなどを傘下に置く最大手ガネット、マイアミ・ヘラルドなどを傘下に置くナイト・リーダー、シカゴ・トリビューンを中心とするトリビューン・グループ、そして新聞王ウィリアム・ランドルフ・ハーストの流れを組むハースト・グループである。

一方で、NYタイムズ、ワシントン・ポストといった新聞社は独立した紙面を構成するため、メディアの系列化の流れには加わらなかった。代わりに、株式を公開し、市場から資金を調達することにしたのだった。

1980年には、ニュース専門チャンネルCNNが登場する。24時間ニュースの誕生は、新聞にとって大きな脅威となると言われた。創業者のテッド・ターナーは、「CNNのニュース配信によって、新聞は10年以内に消滅するだろう」とまで予言した。

しかし、1990年代、新聞業界は徹底した経営の合理化と系列化を推し進めることによって、逆に高い利益を上げていった。

ラジオの登場、大恐慌、そしてテレビの登場という危機を乗り越えた新聞が、最大の危機として直面したのが今回のインターネットの躍進なのである。

イギリスでも新聞の衰退がとまらない

ヨーロッパでも新聞は危機に瀕している。

イギリス・ロンドンで人気のある夕刊紙イブニング・スタンダードが、2009年1月ロシア人富豪に買収された。金額はなんと1ポンド（125円）だ。買収したのは、元KGB情報員のアレクサンドル・レベデフ。イブニング・スタンダードの親会社であるデイリー・メール・アンド・ゼネラル・トラストと交渉をすすめ、同紙の株式の4分の3を取得したのだった。

さらに、12月、レベデフが次なる買収に動いていることが明らかになった。買収相手は主要

5紙の一角、発行部数20万部のインディペンデントだ。アイルランドの大手メディア・グループ、インディペンデント・ニューズ・アンド・メディアが、経営が悪化したインディペンデントの売却先を探しており、レベデフと優先交渉に入ったと発表したのである。ロシア人富豪レベデフの相次ぐ登場は、イギリスで大きな話題になっている。

そして4カ月後の2010年3月末、レベデフは巨額の債務を引き受けるかわりに、買収価格1ポンドでインディペンデントを手に入れた。

レベデフは、プーチンとは対立関係にある反体制派の人物で、ロシア国内ではノーバイヤ・ガゼータという新聞の大株主となっている。

イギリスの主要5紙といえば、デイリー・テレグラフ、タイムズ、フィナンシャル・タイムズ、ガーディアン、インディペンデントだが、ここ1年で10〜20％程度、発行部数を減らしている。収入源の多くは求人広告や不動産広告に依存しており、アメリカと同じように広告収入の落ち込みに直面し、経営は悪化の一途をたどっている。

イングランドのサッカー・プレミアリーグで、名門チェルシーがロシア人富豪ロマン・アブラモビッチに買収されたのをきっかけに、次々と外国人オーナーが誕生しているが、それと同じように、新聞界も買収が相次ぐことになるかもしれない。

PR会社が猛威を振るうイギリスの新聞事情

イギリスの新聞衰退を語るうえで、単に経営上の問題にとどまらない、重大な論点に触れておかなければならない。それは、新聞の衰退は本当に広告収入の落ち込みや景気低迷だけが主な理由なのかという点についてである。

カーディフ大学ジャーナリズム学部による実証的研究が明らかにした事実は、マスコミ関係者にとっては衝撃的なものだった。そのタイトルは、「イギリス・ジャーナリズムの質と独立性」だ。

2006年3月から4月にかけての2週間にわたり、カーディフ大学のアンドリュー・ウィリアムズたちの研究グループは、ガーディアンなどの新聞に掲載された2207件の新聞記事を詳細に分析した。その結果、記事の60%がAP通信などの通信社による配信記事や、PR会社が発表した情報に全面的あるいは一部を依存しており、記者の独自取材による記事は19%しかなかったというのだ。そして、新聞の記事の半分以上は「すでにパッケージ化された情報」だったと結論づけている。

筆者もイギリスでの取材の経験があるのだが、企業に取材を申し込むと、大抵はPR会社が間に入ってくる。そして、その後の取材は、全てこのPR会社を介して行うことになる。日本と違い、企業の広報部門の外注が進んでおり、企業から広報や報道対応の外部委託を受けたP

R会社が代行するのだ。しかも、記者などのジャーナリストが約4万5000人なのに対して、PR業界で働く者は、それを上回る約4万7800人であり、名実ともにその影響力が大きくなっている。

カーディフ大学の研究グループが明らかにしたのは、PR会社の発表や、その発表をもとにした通信社の配信記事に依存する新聞が多くなっているということだ。

しかし、このことについて記者だけを責めるのは酷である。イギリスでも経営環境の悪化により、記者たちはより効率的な取材と大量の記事発信を求められており、取材の独立性を貫くことが難しくなっているからだ。真の意味でのジャーナリズムはいまや贅沢品になっている、と報告書はまとめている。

ロスチャイルド一族に飲み込まれるフランスの新聞社

ル・モンドのような世界的な高級紙を擁するフランスでも、サルコジ大統領が新聞の救済に動き出すほど、新聞は衰退産業となっている。

「18歳の若者に1年間、自ら選んだ新聞1紙を購読料無料で配布する」

2009年1月下旬。マスコミ関係者を前にサルコジは大胆な策を発表した。

この他、報道機関によるデジタル化対応の設備投資などにも政府が援助をすると発表し、支援策は3年間で総額6億ユーロ（690億円）に上ることを明らかにしている。その半年ほど前から、政府が新聞社などと協議を続けた結果、打ち出された支援策だった。

地方紙については、2006年からすでに週に一度の無料配布が行われている。地方で発行される41の新聞が、18～24歳の若者に配布され、その費用4000万ユーロ（4億6000万円）は、政府と新聞社が折半して負担してきた。今回はその支援策の拡大版と言える。

新聞社が政府、時の政権から支援を受けることについては違和感を禁じえないが、それにしても、ロシア人富豪に買収を許してしまうイギリスと比較して、いかにもフランスらしい事態への向き合い方である。

フランスの新聞と言えば、ル・モンドとフィガロ。いずれもABC調査によると発行部数は34万部前後で、日本の全国紙と比べると一桁少ない。いずれも世界的な一流紙だが、台所事情は苦しい。日本の新聞のように宅配制度がなく、読者は駅のキオスクなどで購入するしかない。そこへ2002年以降、駅などで配られる無料新聞、いわゆるフリーペーパーが続々と登場し、一気に経営が悪化してしまった。

ル・モンドは中道左派と言われてきた夕刊紙である。2001年から2004年の累積赤字が8000万ユーロ（110億円）を超え、軍需企業EADSの大株主ラガルデールの支援を仰がざるを得なくなり、増資や株式購入で、ラガルデールが15％の大株主になった。ル・モンドが軍需産業に経営を支援してもらうという事態は、当時日本でも危機感を持って語られた。

一方、中道右派のフィガロもまた、軍需産業の系列にある資本に経営の中枢を握られている。戦闘機メーカーのダッソー・アビタシオンを基幹とするグループ・ダッソーの傘下にあるダッソー・システムズが、経営悪化に苦しむフィガロを支援し、大株主となった。ダッソー側は「編集には介入しない」としているが、経営をどんな企業が握っているか、読者は厳しく見る必要がある。

話をル・モンドに戻す。2007年、大衆化路線を推し進め、経営の合理化を進めるジャン＝マリー・コロンバーニ社長を筆頭とする経営陣と、現場の記者の間で激しい駆け引きが起き、〝内紛〟状態となった。そして、コロンバーニ社長は3期目の信任投票で、「記者組合」（SRM）から投票拒否に遭い、辞任に追い込まれた。

2008年1月には、現場の記者たちが推すフォトリーノ専務が社長に就任するが、4月4日に記者90人を含む、社員130人の削減を発表すると、現場は猛反発。14日に労働組合がストライキを発動し、この日、ル・モンドは新聞の発行を停止した。

街角からあのル・モンドが消えるという事態は、フランスの新聞が置かれた状況を何よりも雄弁に物語っている。

また、1968年の五月革命を機にジャン＝ポール・サルトルが設立に動き、5年後に創刊した左翼の代表的新聞リベラシオンも、経営悪化に直面している。創刊当初は、編集長から守衛まで同額の給与を支払い、資本家からの圧力に屈しないため、広告もとらないという主義を貫いていた。その後、左派から中道左派へと軌道修正したものの、先進国の他の新聞とは一線を画した驚くべき経営方針である。

しかし、少ない広告収入と部数減少で経営が追い詰められ、2005年1月、設立当初の思想からは180度の転換となる大きな決断をした。ロスチャイルド一族に総額2000万ユーロ（30億円）の支援を仰ぎ、38・8％の大株主になってもらったのである。

同年6月には、サルトルとともに創刊者の一人となったセルジュ・ジュリー編集長が退職、有名記者も次々とリベラシオンを去っていった。

資本主義へのアンチテーゼを掲げ創刊した新聞が、資本主義の権化とも言える金融一族ロスチャイルドに支援を仰ぐというのは、あまりに皮肉な結末である。

第四章　新聞に取って代わるメディアは何か

新興ニュースサイトの台頭

衰退する新聞を横目に、勢いを増しているのがインターネットのニュースサイトだ。

実際どれくらいの規模で地位逆転が起きているのかは測りにくいが、民間のリサーチ会社ピュー・リサーチ・センターが継続的に調査しているデータがある。この調査会社のデータは、アメリカのメディア情勢について触れる際、よく言及されるものだ。

質問は、「ニュースの情報源として、どのメディアを重視しているか」というものである。

2008年には「インターネット」と答えた人が、遂に新聞を上回った。

ただし、インターネットと答えた人の中には、新聞社が開設したニュースサイト（＝インターネット）を利用する人も相当数いるだろうから、単純に結論付けることはできない。それでも、媒体として新聞がインターネットに取って代わられたことは、はっきりと現れている。

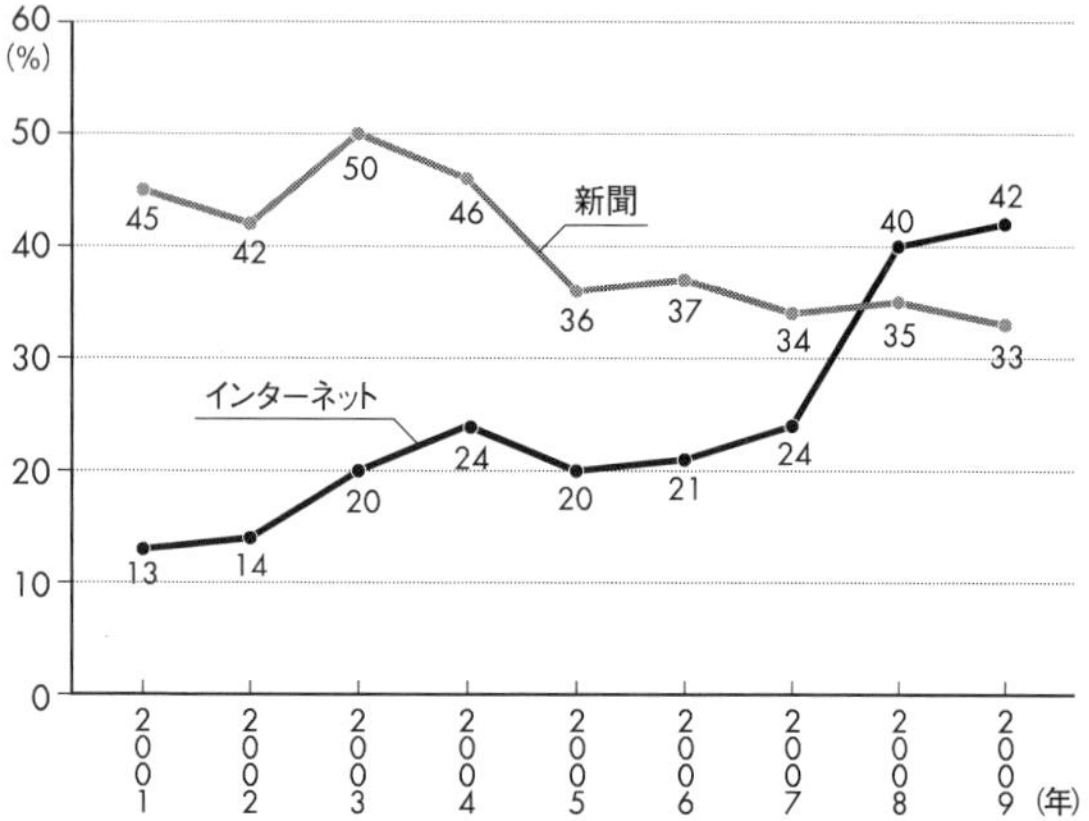

●ニュースの情報源
（出典：Pew Research Center）

そうなると今後重要になってくるのは、情報源としての新聞社がインターネットの中で「選択肢」として選ばれるかどうかということだ。

ところがいま、グーグルやヤフーといった大手に続けと、中小のニュースサイトが無数に登場している。

さっそく、最近オーナーが頻繁にメディアに登場し、その発言が話題を呼んでいるシカゴのニューザー社を訪ねた。

ニューザー社のオフィスは、シカゴの中心部に立つ高層ビルの一室にあった。シカゴ・トリビューンのゴシック・トリビューン・タワーとは目と鼻の先。設立して2年、現在はオフィスの拡張工事中で、配管がむき出しになっている。

社員は16人。インターネットで世界中のサイトをサーフィンし、めぼしいニュースを見つけてきては、その記事を100語程度に勝手に要約し、それらをサイトにアップしている。ニューザー社のホームページを見ると、「短いのはいいことだ」「少し読むだけで、よくわかる」というキャッチコピーが掲げられている。重厚さを求められるNYタイムズとは、真逆に位置する。

コピーの下には、各ニュース項目の写真が並び、スクロールしていくと全部で200枚近くある。

トピックは、オバマ大統領であったり、FRBのバーナンキ議長であったり、スポーツ選手であったり、芸能人であったり、事故現場であったり、あらゆるジャンルにまたがっている。

気になる写真をクリックすると、本文のページが開く仕組みだ。どんなニュースでも100語程度と短く、スクロールして読む必要は全くない。ぱっと見て、内容を把握して終わりだ。

確かにこれは便利だ。すでに触れたように、新聞社のニュースサイトの滞留時間があまりにも短くて困っているのとは逆に、短くてもいいからアクセスさえしてもらえばよいという考えなのだろう。記事の下の方には出典が書かれ、NYタイムズやCBSニュースへのリンクが張られている。

社長のマイケル・ウォルフにインタビューをした。57歳だが、スキンヘッドで黒ぶちのめがねをかけており、一度見たら忘れられない風貌だ。独特の語り口で、テレビにもたびたび出演し、過激な発言を繰り返している。

「新聞は数年で消滅する。どんなに遅くとも私が生きている間に新聞はなくなるはずだ」

ウォルフの売りは、新聞に対する強い敵対心だ。

「私たちの会社は16人で、どの新聞社にも引けを取らない仕事をしている。シカゴ・トリビューンは同じことを500人でやっている」

と強気の発言を繰り返した。

ニューザー社は、いわゆる取材らしい取材は、自分たちでは一切行っていない。インターネット上のさまざまなサイトを渡り歩き、1日に数万本ものニュースを読んで、その中からめぼしいものを選んで、要約しているだけだ。

「新聞はなくなる」という発言とは裏腹に、掲載された記事のほとんどは、NYタイムズを筆頭とするアメリカやイギリスなど英語圏の新聞が出所となっている。記事の基礎となる一次情報は自分たちでは集めず、新聞社など既存のメディアが集めてきたものを流用しているだけである。

私たちの質問に対して、ウォルフは、従来の新聞社のように編集部を構え、支局を作り、記者が現場に行って取材するという経営モデルはもはや成立しないため、ニュース・ビジネスは新しいモデルを探さなければならないと答えた。

新聞がなくても、インターネットから情報を得られるから困らないと言う人々は多い。

しかし、そもそもインターネットで流通しているニュースも、新聞社など既存のメディアからの記事がもとになっているものが大半と言ってよい。その新聞がなくなったとき、読者が現在と同じようにインターネットから必要な情報を得られるという保証はない。

ただ、ウォルフが言うように、膨大な人間と時間とを費やして一次情報を集め、発信していくという従来型の新聞社のビジネス・モデルが、大きな転換を迫られていることだけは確かだ。

広告主の顔を見たこともない

ニューザー社のニュースサイトには、3つの広告欄がある。

サイト自体はかなり大きなものだが、ニュースの写真がずらっと並んでいるため、広告の数が少なく、存在感も小さい。当初は10近くの広告欄を設けることも検討されたが、多すぎると読者がニュースを見るのが煩雑になるという理由で止めた。

ページが更新されると、そのたびに同じ広告欄の中で、中身が別の広告に入れ替わる。同じ広告がもう一度出る場合もあるが、たとえ同じ広告であったとしても、それは新たに配信された別の広告としてカウントされる。クリックのたびに表示される広告が入れ替わっていくのだ。

ニュースサイトに表示された、ある自動車会社の広告を指差しながら、ニューザー社の幹部が言った。

「私たちはこの広告主に会ったこともなければ、話したこともない」

サンフランシスコ・クロニクルの営業担当者が必死になって、地元企業を回って営業活動をしていたのとは状況が全く違う。

実際にアメリカのインターネット広告は、「アドネットワーク」という方式の発展型によって流通している。

広告主である各企業が時間帯や曜日、サイトの内容など諸条件によって希望の広告単価を決めておくと、そのつどネット上で自動的にオークションが行われる。そして一番高い価格を提示した広告主が、その広告欄を手に入れることができ、広告が配信されるという仕組みだ。

誰かがどこかで、このページを表示したり、「更新」したりするたびに、新しい広告が配信されてくるという。

つまりコンピュータ・アルゴリズムのプロセスに基づき、四六時中広告のオークションが行われているのだ。さらにニューザー社では、こうしたアドネットワークを6つ組み合わせ、その中から自分たちに最も条件のよい広告主とつながるようにプログラムしている。

ニューザー社のサイトには、日本の大手自動車メーカーの広告も登場した。インターネットを介して、一気に両社が結びついてしまうのだ。

ニューザー社によれば、インターネット広告の単価は、単純な比較はできないが、新聞紙面の広告に比べおよそ10分の1と安い。さらに、アクセス・閲覧数を正確にカウントできるので、広告主の企業に対して説明が容易で、料金体系が明確になる。経済不況の真っ只中にいる企業にとっては、安くてしかも効果が測りやすいのは好都合だろう。

技術がさらに進歩すれば、例えばスポーツ用品メーカーなら、スポーツのニュースを閲覧する人に限定して、自社の広告を配信することができる。この新しい広告ネットワークは、広告主にとってはよりターゲットを絞った宣伝を可能にする。

ニュースを短くまとめた読みやすさが人気を呼んでアクセス数が増加するとともに、ニューザー社の利益は1年目の100万ドル（1億円）から、2年目は200万ドルへと倍増している。

過激な発言を繰り返すニューザー社

「1年半のうちに、新聞の80％は消えてしまうだろう」
「3年後には新聞はなくなっている」
「ニューズウィークが5年後も残っていたら、ディナーをおごるよ」
ニューザー社の社長マイケル・ウォルフは、新聞に対する過激な発言を連発し、活字メディアに対して非常に冷たい人物として定評がある。

だが実際のところは、月刊誌「ヴァニティ・フェア」のコラムニストとして活躍し、2度にわたって「全米雑誌賞」を受賞している。実は活字の世界でも仕事をしているのだ。

さらに、2003年のイラク戦争中、一大ネットワークのCNBCで、開戦直後のバグダッドからリポートするなど、ジャーナリストとしても名が通っている。

ウォルフの自宅はニューザーの本社があるシカゴではなく、ニューヨークのマンハッタン島南部の静かな住宅街にある。インタビューに訪れた際、ウォルフは家具の少ない生活感のない部屋で、アップルのノートパソコンに向き合い、仕事をしていた。

「私の両親も新聞業界で働いていた。知り合いには新聞社に勤める記者がたくさんいる。しかし、懐旧の念を超越して、我々の方がうまく機能すると言わざるを得ない。馬車が自動車に取って代わられたようなものだ」

ウォルフの基本的な考え方は、こうだ。ニュースに対する人々の欲求は減ってはいない、むしろ、ニュースを求める人々の欲求は、世界が複雑化するとともに増大している。問題なのは、それをどういう手段によって伝達するかである。

技術革新によってメディアの主役が交代するのは当たり前だと言う。

「ヴァニティ・フェア」の連載コラムの中で、ウォルフは、「125年前、新聞の大量発行が可能となり、60年前にテレビが登場し、ネットワークを結んだ夕方のイヴニングニュースの放送が可能となった。25年前には、ケーブルテレビの登場によって、24時間ニュースが実現した。そして今度はインターネットである」と問題提起をし、その新しいニュース・ビジネスの答えがニューザー社だとしている。

しかし、その彼もインターネット・ビジネスで失敗をした経験がある。1990年代に設立したインターネットの情報発信会社は、一時、社員75人にまで急成長したが、あっという間に経営危機に陥り、解散してしまった。その経緯を『私はどのようにしてインターネットのゴールドラッシュを生き残ったか』で記したウォルフは、どんなに小さな会社であろうとも、巨大な新聞社と同じように景気に左右されることは避けられないと語っている。

インターネット・ビジネスの光と影を知り尽くしたウォルフが、新たに取り組むニューザー社のビジネス・モデルは、走り出して2年余り、出だしは順調のようである。

グーグルは新聞の味方か?

グーグルはニュースサイトに対し、どのような手を打とうとしているのか。

グーグルは、新聞業界からは常に批判されてきた。2009年7月のアメリカ議会調査報告書でも、新聞産業が衰退する一方で、グーグルやヤフーといったインターネット会社が、数百億ドル規模の広告収入を手にしていると言及。「成長を続けるインターネット」対「崩壊する新聞」という構図を描いている。

確かに最新の決算報告書によると、数字は好調だ。2009年の10〜12月期決算は純利益20億ドル、前年同期に比べて5倍以上という、過去最高の数字を記録した。その利益のおよそ9割以上をインターネット上での広告収入から得ている。

新聞側の主張はこうである。

グーグル・ニュースのホームページでは、さまざまな新聞のニュースの見出しや本文の一部が無料で閲覧できるようになっている。読者がグーグルのサイトを見ることによって、グーグルには広告収入がもたらされる。グーグルは自分で取材して記事を書いているわけでもないのに、その記事を利用して、不当に利益を得ている。ただ乗りの「フリーライダー」だとして批判してきた。

一方、グーグル側の言い分はこうなる。

グーグル・ニュースにアクセスする読者は、より詳しいニュースを知りたくなって、リンクが張られた新聞社のニュースサイトを訪れる。それによって、新聞社に広告収入がもたらされるというものだ。

実際、グーグルが明らかにしているデータでは、グーグル・ニュースを経由した新聞社のニユースサイトへのアクセス数は、1カ月で10億回。これに、グーグルのウェブ検索も加えると、1カ月40億回のアクセスが新聞社にもたらされているという。これによって新聞社が手にする広告収入は、2008年の1年間で50億ドルを超えたとされている。

もちろん、新聞社に広告収入がもたらされるのと同時に、グーグルにも莫大な広告収入がもたらされている。

ただし、新聞社はグーグルに儲けさせないため、そのリンクを拒否することができる。しかし、そんなことをすれば新聞社のニュースサイトへのアクセス自体が大幅に減ってしまう。そのことは、ニューヨーク市立大学のジェフ・ジャービス教授も指摘している。

もしグーグルとのリンクがなくなれば、新聞社は3分の1のアクセスを失い、もし全てのニュースアグリゲーターやブログがリンクをなくせば、アクセスは今の半分以下になってしまうだろう、と。

インターネット上では、ニュースの中身（コンテンツ）が優れているかどうかよりも、入り口としてどれだけ多くのアクセスの窓口を持っているかが勝敗を分けてしまう。つまり、アクセス窓口であるグーグルやヤフーに軍配が上がることになる。

グーグルは、一時、新聞社の買収に動くのではないかと噂されたこともある。具体的な買収相手として、あのNYタイムズの名前があがったこともあった。

しかし、２００９年５月、ＣＥＯ（最高経営責任者）のエリック・シュミットは、フィナンシャル・タイムズにコメントを寄せ、こうした噂を否定した。

グーグルが買収に踏み切らなかった理由は、検討は行ったが、どの新聞社も負債額が大きく、あまりにリスクが大きいということが一つ。だが、それ以上に大きな議論となったのは、「技術とコンテンツの垣根を越えてよいのか」という点だとフィナンシャル・タイムズは報じている。

グーグルは、コンテンツ（記事）の制作に乗り出すことなく、これまでどおりプラットホーム（インターネット）の技術開発に努めるということだ。

グーグルも、一度は新聞社というニュース・メディアの中心的存在に関心を持った。

しかし、最終的には、一次情報を取材し記事を執筆するという従来の新聞社のビジネス・モデルには魅力を感じなかった。誰かが集めてきた情報を、インターネット上でうまく回転させる高度な技術を開発し、収益を上げる方がはるかに実入りがよいと、グーグルの経営陣は判断したのだ。

動き出した巨象グーグル

グーグルのＣＥＯであるエリック・シュミットが、２００９年12月３日発行のウォール・ストリート・ジャーナルに一つの論文を寄稿した。その内容は、新聞や雑誌のオンライン収益の増加につながるよう協力していきたいというものだ。

論文の中でシュミットは、2015年を新しい時代の幕開けと位置づけている。

携帯端末の普及によって、印刷された紙面を読むのと同じように、オンラインで新聞を読める時代がやってくる。さらに日本語など外国語の新聞も自動的に翻訳されて、その携帯端末で読むことができるようになると言うのだ。

そのうえで、正確な情報や的確な分析は、健全なる民主主義を維持していくためには必要不可欠なものであるとしている。

そう主張するグーグルだが、腹の底では何を考えているのか。グーグル・ニュースの創始者クリシュナ・バハラートにインタビューするため、シリコンバレーのグーグル本社を訪ねた。

インド人のバハラートは、小柄でやせており、小さなナップザックを背負った姿は、少し年を取った大学院生という雰囲気だった。

インタビューの冒頭で、バハラートは、シュミットの考え方を改めて強調した。

「私たちグーグルには新聞社になろうという野望はない。私たちの野望は、新聞社と協力し、全ての人があらゆる情報を簡単に手に入れられる場所を提供することだ」

いまバハラートが手がけているのは、ファスト・フリップと呼ばれるサイトだ。

試験的に提携している40社の新聞や雑誌の紙面を、インターネット上でそのまま読むことができる。NYタイムズ、ワシントン・ポスト、ニューズウィークといったアメリカを代表する活字メディアが参加している。政治や経済など分野ごとに分かれて紙面が整理され、政治のニュースを読みたいと思えば、政治をクリックすると各紙の紙面が現れる。

紙面というのは、いままでのニュースサイトのようにテキストが主体ではなく、新聞や雑誌の紙面と同じようにレイアウトされた画面が現れる。しかも、そのスピードが速い。まさに、紙のページをめくるように記事が読める。

ババラートは、これは情報の受け手である読者にも、発信源である新聞社にもプラスになると主張する。

「いまでは世界がつながり、複雑さを増している。情報の質だけでなく、スピードも求められる現在では、日刊紙の配達を待っていては時代に取り残される。情報の発信者と読者とを最も効率的に結びつけるのがグーグル・ニュースの目的だ」

ファスト・フリップは、2008年8月にグーグルが始めた、過去の新聞紙面を閲覧できるというサービスの延長線上にある。記事の本文だけでなく、広告を含めた紙面全体をスキャンし、データベースに取り込む作業を着々と進めている。

グーグルの見積もりによれば、過去の紙面は累積すると数十億ページという膨大な量に達する。有料・無料の違いはあるとしても、これを全てオンラインで閲覧可能にすることがグーグルの最終的な目標と言われている。

このグーグルのプロジェクトが完成すれば、新聞社にとって重要なコンテンツである「紙面」は、インターネット上ではグーグルの管理下に置かれることになる。それは読者にとっては、アクセスが容易になるということで短期的にはプラスに働く。しかし、長期的に何をもたらすかは、もう少し議論が必要である。

グーグルは新聞を見捨てたのか

実はグーグルは、2006年11月から新聞社への広告仲介業を行っていた（いまはやめている）。

プリント・アドと呼ばれるプロジェクトで、新聞の空き広告スペースに、グーグルのインターネット広告の顧客企業を紹介するという仕組みだった。アメリカの新聞は地方紙が大半を占めるという特徴を利用し、特定の地域に絞って広告を出したい企業などのニーズが掘り起こせると考えていた。

当初は、NYタイムズをはじめとする50紙と提携し、多いときには地方紙800紙との協力関係を築き上げた。グーグルにとっては、インターネット広告だけに収益を依存するよりは、既存メディアへも手を広げた方が収益源を増やすことができる。

しかし、2009年2月末に、「思うような結果が得られなかった」として、この新聞向けサービスを中止してしまった。

詳細な理由は明らかにされていない。だが、それまでインターネット広告に特化していたような企業が、いまさら「古いメディア」である新聞広告の仲介に打って出ても勝算があるとは思えない。結局、グーグルは新聞広告仲介業に対して、将来的にも採算性を見出すことができず、撤退を決めたのだ。

グーグルは新聞社に対し、自分たちのビジネスに必要なニュースの発信者である点は認めているが、収益が上がらなければ切り捨てるというドライな考え方を持っている。

グーグル・ニュースの創始者クリシュナ・バハラートは、新聞社の経営形態については新聞社が決めることであって、グーグルはそれに対してとやかく言う立場にないと語った。

「新聞社が広告収入に頼るべきか、それとも読者への販売収入に頼るべきか、それは新聞社が決めることであって、私たちの問題ではない。グーグルは、いまでも新聞社のニュースサイトへのアクセス数を増やしているわけだが、どんな形であれ協力はする」

印刷媒体に拠って立つ新聞はこれからどうなっていくのか、最後に質問した。バハラートは、基本的には〝消費者〟が何を望むかによると答えた。記事をインターネットで読みたいと思うか、印刷された紙面で読みたいと思うか、あるいはインターネットも紙面も両方あって欲しいと思うか、全ては〝消費者〟が決めるというのが結論だ。

「いずれにせよ、ジャーナリズムの資金調達の問題は残る。芸能人の情報は簡単に取材できても、イラクやアフガニスタンで何が起きているかを記事にするには、大変な労力が必要だ。これを支えるビジネス・モデルはないと言ってよい」

AOLの果敢な挑戦

アメリカの5大ニュースサイトの一つ、アメリカ・オンライン（AOL）は、新聞産業の衰退をチャンスと見て、動き出している。

新聞社をリストラされた記者たちを次々にリクルートし、自社のニュースサイトの充実をはかろうとしているのだ。その主戦場、Mediaglow.com と呼ばれるサイトを見ると、食べ物、旅行、映画、金融・マネーなど87の分野に分けられ、それぞれ10人以上の記者たちが顔写真を載せ、署名入りで長文のコメントを寄せている。

このサイトのもとで働くスタッフは、1500人を超えるとされ、その中にはNYタイムズ、ワシントン・ポスト、ウォール・ストリート・ジャーナルを退職、あるいは解雇されてAOLに拾われたという記者たちも少なくない。

「新聞社にはならない」というグーグルとは少し違い、ＡＯＬは自ら取材し、情報を発信できる体制を整えようとしている。

この戦略は、２００９年3月に会長兼ＣＥＯに就任したティム・アームストロングの下で描かれたものだ。アームストロングは、もともとグーグルの広告販売担当の副社長だったが、ライバルのＡＯＬに引き抜かれた人物だ。グーグルに所属する前は新聞社の経営を行ったこともあり、ＡＯＬの会長兼ＣＥＯとして、自分の思い描く新しいオンライン・ニュースの構想を推し進めることになった。就任当時、42歳という若さだった。

若き会長兼ＣＥＯであるアームストロングの登場は、ＡＯＬの苦境の中で生み出されたものだ。

ＡＯＬは２００１年に、ＣＮＮや映画ワーナー・ブラザースを中心とした既存メディアの代表ともいえる、エンターテインメント事業の最大手タイム・ワーナーと合併した。ＡＯＬとタイム・ワーナーとが手を組むこの企業合併は、「史上最大の合併」とまで称された。当時の会長スティーブ・ケースは一躍世界にその名をとどろかせた。

しかし、翌年には10兆円を超える赤字を計上。さらに、この合併にあたってＡＯＬ側が会計を操作し、不正に利益を膨らませていたという事実が明るみに出てからは、両社の関係は悪化する一方となった。２００１年には１６５０億ドル（14兆５０００億円）を誇っていた株価時価総額だが、2009年には28億ドル（2500億円）にまで下落した。その2009年に合併は遂に解消され、AOLは独立した企業体として生き残りをかけることになった。

業績低迷と、タイム・ワーナーからの分離の中で、アームストロング率いる新生AOLが打ち出したのが、このブログを中心とする記者を充実させることだった。NYタイムズで記者100人のリストラが始まると、その中から有名記者を獲得するなど、AOLは積極的に動いている。

調査機関のテック・クランチが2009年10月に報じたところによれば、AOLは取材記者の体制を500人から3000人にまで一気に増やしている。これによって、AOLが提供している情報コンテンツの80%は、自社で抱える記者たちが取材し、執筆したものになる。

タイム・ワーナーとの合併解消によって、経営基盤を早急に固めなければならないAOLが選んだのが、グーグルとは逆に、情報そのものを自分たちで取材してくるという経営モデルだったことは極めて興味深い。

このAOLの取り組みが成功するかどうかはわからない。

しかし、グーグルのように自ら情報取材をすることを頑なに拒み続けることだけが、唯一の解答ではないということを示している。

「グーグルは盗人だ」

自ら取材して記事を書かずに巨額の収益を上げ続けるグーグルに対して、2009年、遂に新聞界の怒りが爆発した。

その急先鋒がメディア王と呼ばれるルパート・マードックだ。2009年4月、メディア関係者を前に「我々の著作物がグーグルに盗まれている。インターネットで無料で閲覧できる時代は終わらせなければならない」と発言、グーグルへの対決姿勢を鮮明にした。

ニューズ・コーポレーションの会長であるマードックは、世界的な経済紙ウォール・ストリート・ジャーナルや大衆紙ニューヨーク・ポストを傘下に抱えており、1996年には、ソフトバンクとともにテレビ朝日の株式を大量に購入し、資本参加を狙うなど、日本人にも名の知られた人物だ。そのマードックがグーグルに真正面から宣戦布告をしたのである。

マードックに続いたのが、AP通信だ。

AP通信は、2007年にもグーグル・ニュースがAP通信の配信記事を無料で利用し、巨額の利益を上げているとして、訴訟沙汰を起こしかけた。このときは、グーグル側が〝保証金〟を支払うことで和解、合意した。なお、この〝保証金〟の金額は公開されなかった。

今回のAP通信の批判は次のようなものだ。グーグル・ニュースが提供しているサービスは、単なる記事の〝見出し〟だけではなく内容も含んでおり、グーグル・ニュースにリンクすることで他の無数のニュースサイトが利益を奪われているというのだ。２００７年に合意した〝保証金〟では足りないほど、著作権が侵害されているというのがＡＰ通信の主張だ。

そして、２００９年11月上旬。マードックが一線を越えた。テレビのインタビューで、グーグルの検索でリンクできないようにすればよいのではないかと聞かれ、こう答えたのだ。

「もうやるしかない」

この発言は、マードックがグーグルとの闘いで、具体的に動き始めることを意味し、新聞界のみならずメディア界を騒然とさせた。

そもそも、グーグルの検索で自社のニュース記事が見つからないようにするのは簡単だ。ＭＥＴＡタグと呼ばれるプログラムに meta name =“googlebot” content =“noindex, nofollow”と打ち込めば、それで済む。

しかし、いままで誰もそれをやろうとはしてこなかった。グーグルが主張するように、グーグルの検索エンジンやグーグル・ニュースを経由してくるアクセスが多かったからだ。マードックはそれをやると宣言した。

一方で、マードックは、11月下旬、マイクロソフトとの提携をぶち上げた。

ニューズ・コーポレーション傘下の新聞社の記事をグーグルの検索エンジンから外し、マイクロソフトの検索エンジン「ビング」に優先的に提供する方向で提携を進めていることが明らかになったのだ。ニューズ・コーポレーションは、これによって何らかの「提供料」をマイクロソフトから受け取ることになると言われている。

一方、マイクロソフトの「ビング」は、この半年前に開始した従来の「ライブ・サーチ」を新しくしたサービスだ。しかし、検索サイトの利用者シェアは、グーグル、ヤフーに次いで第3位。その実数はグーグルに比べれば、5分の1以下とも言われている。

マイクロソフトは、ニューズ・コーポレーション傘下の膨大な新聞記事を独自に配信することによって、グーグルに対抗しようと狙っているのだ。

グーグルを追撃したいマイクロソフトと、グーグルに敵意を燃やすマードックの思惑が一致したかたちで、この提携は進められている。

インターネットを舞台に、新聞社とグーグル、マイクロソフトを巻き込んだメディア戦争が始まろうとしている。

メディア王の意外な決断

マイクロソフトとの提携を進めるマードックには、大きな野望がある。

それは「課金制」、つまりインターネット上での記事の閲覧を有料にすることだ。いままで無料で読者に提供していた記事を有料にするための第一歩が、グーグルからのアクセス拒否とされている。

マイクロソフトとの提携協議が表面化する3カ月前の2009年8月、マードックは決算発表後の電話会見でこう発言している。

「今後1年の間に、グループの全ての新聞の記事を有料化する。有料化によって読者が減っても構わない。我々が成功すれば、世界の新聞社のモデルになるだろう」

このときは2009年6月期決算の発表で、34億ドル（32億円）の赤字に転落していた。1年前の2008年6月期決算は、54億ドル（51億円）の黒字だった。猛烈な収益の落ち込みに直面する中で、新しい収入源の模索として「課金制」が一つの選択肢となった。

課金制は、「ペイウォール」と言われている。文字どおり、自社の記事の周りに有料の壁を張り巡らせることだ。これが成功を収めるかどうかは、ペイウォールの中に、どれだけ多くの新聞社を囲い込めるかによる。

課金制によって、一定の読者からは購読料収入を得ることができる。しかし、他社が同じような内容の記事を無料で配信していたら、その無料サイトへと流れる読者が多くなる。

かといって、記事を全て無料のままインターネットに流し続ければ、仮にアクセス数は増えていっても、広告単価が紙面に比べて10分の1というインターネットの収入構造では、取材コストに見合うだけの収入は得られない。本業である紙面から読者が離れ、インターネットへ流れてしまう恐れもある。

2009年10月に読売新聞社が行ったインタビューで、マードックは「今後1〜2年でどのメディアも有料化に踏み切るだろう」と発言している。インターネットや携帯端末などメディアが多様化しても、ニュースに対する需要そのものは変わらないから、いっそのこと課金したほうがよいというのが、その根拠だ。

しかし、マードックに賛同する新聞社・テレビ局が「課金制」に踏み切ったとしても、結局は他に一社でも無料で記事を配信するところが現れれば、そちらへ流れる読者が続出する可能性は高い。

マードックは大きな賭けに出たのだ。

メディア王の知られざる過去

四面楚歌に直面する中、「課金制」という両刃の剣を振りかざしたマードックの主張は、世界中の新聞社の注目を集めている。日本の新聞関係者に取材をしても、「インターネットでの記事配信をこれからは有料化すべきだ」と、マードックに同調する声が多かった。

マードックに期待が高まるのには理由がある。これまで彼は、時代の空気や大衆が求めるものを常に敏感に察知し、新しい戦略を打ち出してきた「メディア王」だったからだ。

マードックは1931年3月生まれ。オーストラリア出身だが、FOXテレビを設立する前年の1985年、アメリカのメディア界進出に必要不可欠なアメリカ国籍を取得した。

父親のキース・マードックは、第一次世界大戦の第一線で働いたジャーナリストで、その後新聞社の経営を担い、オーストラリアのメディアの中心的存在となっていた。マードックが父の急死によってその跡を継いだのは1952年、当時まだオックスフォード大学で勉強中の学生だった。

遺産相続のため財産を整理した結果、主力紙ザ・ヘラルドは手放さざるを得ず、マードックの新聞事業は、ザ・ニューズなど数紙に減ってしまった。それでも、少しずつ発行部数を伸ばし、20年後にはオーストラリア有数のメディア・グループに返り咲いた。

1969年、経営難に陥っていたロンドンの主力紙ザ・サンを買収。スキャンダルなどセンセーショナルな記事を中心にすえる大衆路線によって、一気に経営を立て直した。現在でも3ページ目には女性のヌード写真が掲載されるという、いわゆる「タブロイド紙」の大衆路線はマードックのメディア戦略の成功事例として有名だ。

アメリカに初めて進出したのは1973年。地方紙サンアントニオ・エクスプレス・ニューズの買収がきっかけだ。その3年後には、高級紙NYタイムズと真っ向から対決するかたちで、大衆向けのニューヨーク・ポストを買収した。

新聞の大衆路線による成功とともに、マードックの名声を高めているのが、アメリカで三大ネットワークに続くテレビ網を独自に構築したことだ。1985年にメトロメディアというメディア・グループを買収し、全米80％の世帯をカバーするFOXテレビの設立に結びつけた。ここでも「COPS」と呼ばれる実録番組をスタートさせて話題を呼んだり、若者向けの番組を取り揃えたりして、大衆のニーズに応えて成功した。

さらに1996年には、24時間ニュース専門チャンネル・FOXニュースを設立。ジョージ・ブッシュ大統領などの保守派を支持するマードックは、FOXニュースで右派の論調を展開する。それが2001年の同時多発テロ以降、アメリカ社会が愛国主義へと傾斜していく流れとマッチし、ケーブル・ニュース番組としてはCNNを上回る人気を博することになった。ニューズ・コーポレーションは、ABC、NBC、CBSに続く、全米の96％の世帯をカバーする一大メディア・グループへと発展したのだ。

こうしてマードックは、新聞、そしてテレビで、いずれも大衆あるいは社会の欲望をいち早くつかみ成功してきた。

ニューザー社のマイケル・ウォルフが書いた『ニュースを支配する男』ではマードックのメディア王たる所以《ゆえん》を事細かく分析している。

新聞に代わってテレビが台頭すると、すぐにテレビに進出。やがてテレビの世界でも、地上波から衛星波やケーブルテレビへとその枠組みが移り始めると、ただちにそちらへシフトしていく。新しいメディアを鋭敏に察知するマードックの能力は、イギリスの名門オックスフォード大学に留学するなど、高い知的能力から生み出されたものだとウォルフは言う。スキンヘッドで強面《こわもて》という風貌や、大衆化路線を前面に押し出す編集方針から、一見インテリ風には見えないのだが、実は極めて冷静で理性的な経営を行っていると記している。

そのマードックが今回踏み切ったのが、インターネットでの記事配信の有料化だ。しかし、今回の「課金制」は読者の側のニーズに応えた決断というよりも、むしろ、新聞社側の論理が先行している。そこが、これまでのマードックと違うところだ。

長い目で見れば、手厚い取材体制を抱える新聞社が生き残ることで社会にもプラスとなるという理屈は成り立つが、読者にとっては、まず無料で記事を読めるかどうかが直接的な関心事ともいえる。

大衆路線によって支持を得てきたこれまでのマードックならば、ニュースを無料で配信し続けることが、これまでの方針に沿った選択だ。だが、今回は全く逆方向の「有料化」に踏み切ったのである。

唯一の勝者ウォール・ストリート・ジャーナル

「課金」に向けて闘争宣言したマードックの強気には訳がある。傘下にあるウォール・ストリート・ジャーナルが、インターネット版の記事閲覧に対して早くから課金制を敷き、成功を収めているからだ。

ウォール・ストリート・ジャーナルは1889年に創刊。アメリカだけでなく世界中の金融を中心とした経済情勢を報道する新聞として、世界的に名前が知られている。発行部数は200万部を超えるものの、長年全米2位に甘んじてきたが、2009年、発行部数をじわじわと減らしてきたUSAトゥデーを遂に抜き去り、首位の座に躍り出ている。

200万部を超える発行部数のうち、インターネット版の有料会員数は実に120万部を占めている。

ウォール・ストリート・ジャーナルは、NYタイムズとは異なり、オンラインで全ての記事を閲覧できる会員購読を、1996年のサービス開始当初から有料としてきた。当時、大半の新聞がNYタイムズと同じように無料配信を行う中で、有料にしたのは極めて異例の取り組みだった。

スタート時には年間購読料が49ドルで、紙面の購読料164ドルよりも大幅に割安だった。その後、両者の差を少しずつ縮め、今ではインターネット版が103ドル、紙面が119ドルと、ほぼ同じような価格水準になっている。インターネットと紙面を併読した場合は140ドルだ。

インターネット版は少しずつ値上げをしてきたにもかかわらず、発行部数が伸び続けてきた。マードックがウォール・ストリート・ジャーナルの経営権を握ったのは、2007年。購読者を増やし続けている最中だった。マードックは、将来有望と見て、発行主体であるダウ＝ジョーンズ社の株式を約50億ドル（5500億円）で買収した。

前出のマイケル・ウォルフ著『ニュースを支配する男』では、ウォール・ストリート・ジャーナルの買収には、マードック独自の戦略があったことを明らかにしている。

世界がグローバル化によってつながった今、最もニーズが高いのは金融を中心とした経済ニュースである。その経済ニュースの報道機関として世界を代表するウォール・ストリート・ジャーナルを傘下におくことで、その情報を新聞、テレビ、インターネットへとあらゆるメディアに24時間体制で配信する大きなデザインを描いていたというのだ。

しかし、インターネット版の課金が成功したのは、ウォール・ストリート・ジャーナルだからこそとも言われている。その成功が他の新聞にも普遍化することができるのか、疑問の声もあがっている。

試しに、世界的な会計事務所のニューヨークオフィスで働く友人に、何の新聞を読んでいるか聞いてみた。

すると、会社が費用を負担しているウォール・ストリート・ジャーナルのインターネット版を購読していると言う。取引先の会社でも金融関係を中心に、多くの企業が社員のために、紙面やインターネット版の購読料を経費として支払い、購読させているという。

ウォール・ストリート・ジャーナルは、アメリカのみならず国際的な金融・経済の最先端に特化した情報を提供することで、同紙の記事を読みたいという一定数のコアな読者（業界のプロたち）を獲得している。

それを記事の「質が高い」と言ってしまえばそれまでだが、金融・経済に特化せず、総合的に情報を提供する一般の新聞が、そのようなコアな読者をどれだけ獲得できるだろうか。

マードックのもとにある新聞は、ウォール・ストリート・ジャーナルだけではない。それ以外の新聞が、同じようにインターネット版への課金によって収益を伸ばしていけるかどうか、疑問が残る。

ウォール・ストリート・ジャーナルの成功を一般化するためには、すでに触れたように全ての報道機関のニュースサイトが課金しなければ意味がない。だが、そんな状況が生まれる可能性は低い。

アメリカ国内では、マードックは、「課金制」によって他の一般紙を窮地に追い込む一方で、ドル箱である傘下のウォール・ストリート・ジャーナルの収入を増やしたいだけなのではないか、という憶測まで飛び交っている。

NYタイムズも課金に動き出す

２０１０年1月10日、遂にNYタイムズも動き出した。１年後に記事閲覧への課金を始めると発表したのだ。

NYタイムズは第一章で触れたように、過去の記事アーカイブスも含めて無料でインターネット上に開放することでアクセス数を伸ばし、広告収入の増加に結び付けようとしてきた。さらに、グーグルのファスト・フリップにも参加するなど、グーグルとの対決姿勢を強めるマードックとは一線を画してきた。

そのNYタイムズが、課金制に踏み切ると表明したのだ。毎月一定の本数までは無料で記事を閲覧できるが、それを超えた場合は、料金を払わないと読めなくなるような仕組みを作るとしている。何本までは無料なのかなど、詳細はまだ一切発表されておらず、２０１０年の1年間をかけてその仕組みを構築し、２０１１年初めから課金をスタートさせるという。

この一定数までは無料という課金モデルは、メーター・モデルと呼ばれ、イギリスを代表する経済紙フィナンシャル・タイムズが採用している。マードック率いるニューズ・コーポレーションの傘下にある新聞がすでに課金を始めているのも、このモデルである。

一方で、紙面のNYタイムズを購読契約している読者は、インターネット上のサービスを全て無料で閲覧できる。そのためいままでと何も変わらない。影響を受けるのは、紙面の購読をしていない、いままでインターネットを無料で利用してきた読者である。

無料から有料へ。この大きな方針転換について、社主のアーサー・ザルツバーガーは、こうコメントした。

「この課金モデルは、NYタイムズのジャーナリズムの質を維持するためのものである。読者が私たちの質の高い記事=コンテンツに対して必ず対価を支払ってくれるだろうと信じている」

NYタイムズのCEOジャネット・ロビンソンも、この課金モデルの導入によって収入源を多様化することができ、好景気・不景気という経済のサイクルに左右されない経営基盤を築けると表明した。

私たちが取材をしたメディア担当のペレツペーニャは、この課金モデル導入についても、記事を書いている。それによれば、課金制導入への決断は、広告収入の落ち込みが直接の原因ではなく、1年にわたって課金すべきか否かの研究を行ってきた結果だという。

ペレツペーニャは、メディア界の反応を取材し、課金を容認する声、批判する声、双方を取り上げている。そのうえで、この発表の日、NYタイムズにはメールなどを使って何千もの反応があったことを明らかにした。読者からの反応の大半は、課金モデルを支持せず「金は払わない」というものだった。

NYタイムズは、最初にインターネット版を立ち上げたときの無料での閲覧から、いったんは有料の「タイムズ・セレクト」を立ち上げて巨額の収入を得るが、再びそれを無料化し、さらに過去の記事アーカイブスまで全面開放してきた。それが今回、またメーター・モデルによる課金へと振り子は戻った。

無料の急先鋒だったNYタイムズが課金に走れば、マードック以下、アメリカ新聞界が「課金」へと一気に動き出す可能性もある。

しかし、インターネット上での記事に課金して成功するかどうか。NYタイムズが再三にわたって方針を転換しているのは、有料にすべきか無料にすべきか、正解は簡単には出ないということを物語っている。

NYタイムズ、遂に5大サイトから転落

2010年1月20日、ニールセン・オンラインが衝撃的な発表をした。

アメリカ議会調査局で2009年7月に報告がなされたように、NYタイムズのニュースサ

イトは、全米5大サイトの一つとして、広く認知されてきた。しかし、そのNYタイムズが、遂に5大サイトの圏外に転落してしまったのだ。

以下が2009年12月のユニーク・ユーザー数と、前年同月からの増減である（▲はマイナス）。

1	ヤフー・ニュース	3992万人	±0%
2	CNN	3634万人	▲12・3%
3	MSNBC	3324万人	▲20・1%
4	AOL	2481万人	▲30・8%
5	FOXニュース	1657万人	▲20・3%
6	トリビューン	1584万人	▲5・3%
7	NYタイムズ	1485万人	▲18・4%

NYタイムズのユニーク・ユーザー数は、7位に転落してしまった。

ニールセン・オンラインは、ユニーク・ユーザー数が軒並み減少したことについて、2009年は大統領選挙がすでに終結していることや、経済危機の影響があったとしても、落ち込み幅はそれ以上に大きいと分析している。

注目すべきは、トリビューンのニュースサイトが、NYタイムズを抜き去ったということだ。これまで、NYタイムズは、新聞社の中でユニーク・ユーザー数が最も多いサイトとして君臨してきたのだが、その地位が崩れ去ってしまったのだ。

紙面からオンラインへといち早く軸足を移してきたNYタイムズは、インターネット広告の激減に直面する一方で、読者がネットへと流れたことで紙面の発行部数も減少してきた。

そこへ追い討ちをかけるように、頼みの綱であるインターネット版の読者が減り始めたのである。

このことは、インターネットの世界では「新聞社」の優位性が簡単には通用しないという現実を物語っている。それは広告媒体としての意味だけでなく、ニュースの発信源としても同じである。インターネットの中では、新聞社といえども数ある情報発信源のうちの一つでしかないのだ。

いまやNYタイムズは、インターネット版でもぎりぎりのところまで追い込まれてしまっている。

新たな敵ツイッター

新聞が大手ニュースサイトへの敵意をむき出しにしている陰で、新たな強敵が現れている。その代表が日本でも少しずつ浸透してきているツイッターである。「つぶやき」を意味する英語で、個人による140字以内の書き込みが時系列につらなり、それへの反応コメントも含めて、大きな情報の流れを作り出すというものだ。

アメリカ社会で広く認知されるようになったのは2006年、オバマとマケインが争った大統領選挙がきっかけだ。両陣営ともツイッターを通じて、演説会や支援集会の日程を発表したり、政治的主張を書き込んだりした。

2009年のイラン大統領選挙の際も、厳しい報道規制が敷かれる中で、反政府勢力によるツイッターを使っての抗議運動が巻き起こり、世界へ情報が発信された。

鳩山由紀夫総理大臣もこのツイッターに参加しているというので、認知度が一気に高まった。情報発信、情報交換のツールとしては飛ぶ鳥を落とす勢いである。

日本ではITジャーナリストたちがその可能性を語る一方で、未知数のメディアと考える人も少なくない。しかし、アメリカでは、単なるつぶやきを超えて、新たな広告の媒体としても力を発揮しつつある。

NYタイムズは、2009年5月24日の記事で、ある病院が新たなマーケティング戦略として、ツイッターを始めたことを紹介している。

なんとその病院は、手術の進行状況を手術室からリアルタイムでツイッターに書き込んでいたのだ。どのように手術が行われているか、その成功までのプロセスを一般の人に知ってもらうことで、病院のイメージアップにつながると考えたようだ。

当然、その内容は生々しいものになる。例として、デトロイトにあるヘンリー・フォード病院で行われた手術が取り上げられている。執刀したクレイグ・ロジャース医師の様子が、ツイッターで逐一ネット上に紹介されたのだ。

アメリカの医療機関も、経済危機の影響を受けている。その結果、社会に直接働きかける新たなメディアとして、ツイッターなどの新たな手段が模索されているのだ。この「直接働きかけられる」という点が最大のメリットである。病院側は新聞やテレビに広告を出さなくても、ツイッターやブログ、YouTubeによって、宣伝をすることができるのだ。ツイッターやブログなら費用もかからないし、やっている病院は限られているため、差別化をはかるうえでも有効だ。

NYタイムズの記事のタイトルには、「マーケティングの新たな手段」という言葉が使われていた。

メリーランド大学のエド・ベネットによれば、全米で250以上の病院が、ツイッターやY

ｏｕＴｕｂｅ、ブログなどを利用して情報発信を行っている。日本でもそうだが、アメリカでも病院はこうした新しい試みに対しては保守的であるというイメージが強い。だが、その病院ですら既存の殻を破り、新しいメディアに次々と乗り出しているのだ。

成長企業のツイッター利用率は相当高い

世界を舞台にビジネスを展開するグローバル企業でも、ツイッターをはじめとするソーシャル・メディアの活用が確実に拡大している。

ブルゾン・マーズテラーという調査会社が発表した、「フォーチュン・グローバル１００社のソーシャル・メディアに関する調査」は、「フォーチュン」誌が選んだ世界トップ企業１００社を対象に、ツイッター、フェイスブック、ＹｏｕＴｕｂｅといったソーシャル・メディアをどれくらい活用しているかを調べたものだ。

対象となった１００社の本拠地は、アメリカが29社、ヨーロッパが48社、アジアが20社、ラテンアメリカが3社である。アメリカからは、エクソン・モービル、ウォルマート、ヨーロッパからはボーダフォン、ＢＰ、日本からはトヨタやソニー、東芝、中国からはシノペックといった各業界をリードする企業が名を連ねている。

１００社のうち、それぞれのメディアを利用している会社の割合は以下のようになる。

ツイッターが65％、フェイスブックが54％、ＹｏｕＴｕｂｅが50％、ブログが33％だ。本社が情報発信するというだけでなく、それぞれのローカル市場に向き合う地域ごとのオフィスも個別に利用している。こうしたソーシャル・メディアの利用は、ターゲットを定めた情報提供や、消費者との双方向のやりとりを可能にし、企業へ「莫大な利益」をもたらすだろうと報告している。

その中で、ツイッターを例に、ある1週間のやりとりを具体的に分析している。それによれば、企業による情報発信は、確かに双方向になっている。企業からの発信を１００とすると、外部からの反応は42あり、それに対して企業側は38の返答をしている。さらなる読者からの返信に対して、企業は再度の返信として32の書き込みをしているのだ。

既存メディアを中心とした、一方向で不特定多数の人々を対象とした情報発信に比べれば、情報のつながり方としては小さなものかもしれない。それでも、双方向につながっているという強みは、確実に浸透しつつあるようだ。

地域別に利用率を見てみると、アメリカが72％、ヨーロッパが71％、ラテンアメリカが67％なのに対して、日本を含むアジアは40％と低い。

ちなみに、日本ではツイッターへの認識はまだ低い。

だが、アメリカやヨーロッパではツイッターに対する期待値が、日本人が想像する以上にとても高いのである。

新聞社はツイッターでも苦戦している

では、アメリカの新聞社はツイッターをどのように活用していけばよいのだろうか。

NYタイムズは、ツイッター上にニュースサイトを開設し、一本一本の記事タイトルを並べている。そこから自社ホームページへの各記事へのリンクが張られている。ツイッターを経由して、気になる記事へとアクセスしてもらうというのが、第一の目的だ。NYタイムズにとっては、ニュースサイトへのアクセスが増えることが至上命題なのである。

しかし、それ以外の活用法となると、限られてくる。

NYタイムズのサイトに掲載された記事やブログには、従来から記事ごとにコメントを書き込むコーナーがあって、記事に対する感想や、関連する新しい情報の提供など、読者による書き込みが行われていた。中には数十、数百のコメントが寄せられている記事も少なくない。

こうした従来型の書き込みに加えて、NYタイムズは「タイムズ・ピープル」というサービスも展開している。

タイムズ・ピープルには無料で登録できる。登録すると、NYタイムズのニュースサイトの画面とともに、タイムズ・ピープル専用のツールバーが自動的に現れる。

登録した会員Aは、NYタイムズのサイトに掲載された記事やブログなどあらゆるものに短いコメント（つぶやき）を書き込むことができる。そのつぶやきは、他のタイムズ・ピープルの会員たちのパソコン画面上で、ツールバーの部分に表示される。

それを見た会員Bが、返信の「つぶやき」を書き込む。それに答えて会員Cが、続いて会員Dが……というのが大まかな仕組みだ。時にはNYタイムズの記者が、つぶやきを書き込むこともある。

これはツイッターの仕組みを取り入れて、NYタイムズが独自に開発したサービスだ。実際に見てみると、次々と書き込みが行われていた。

タイムズ・ピープルに書き込んだつぶやきは、ダイレクトに他の会員のツールバーに表示される。タイムズ・ピープルの会員になれば、会員専用のツールバーを使って、NYタイムズの記事を中心とした新しいネットワークを築くことができる、というのがうたい文句だ。

しかし、一本の記事に対し読者が次々とコメントを書き込んでいくという行為そのものについては、従来型のコメントもタイムズ・ピープルも本質的には何も変わらない。つぶやきを充実させることによって、いったいどれだけ新しい読者を獲得できるのだろうか。

記事に対する読者の反応をダイレクトに知ることはできるが、それがどれだけ経営に貢献するのだろうか。

新たな読者のアクセスを増やすという至上命題は、どれだけ達成できるのか。いずれも未知数である。

ツイッターは2010年の4月13日、ネット広告事業に参入すると発表した。ツイッターに広告料を支払った企業のつぶやきを、検索結果の最上段に表示するというもので、「プロモーテッド・ツイート」というサービスだ。アメリカの映画会社ソニー・ピクチャーズやスターバックスコーヒーなどが広告を出す予定だという。

これまではツイッターは無料のサービスしか提供していなかったが、これを機に企業の広告を手掛けるようになれば、新聞社の広告収入はさらに激減すると思われる。

それと同時に、新聞社にとっては、ツイッターの普及に伴い、新聞が読まれる時間がさらに減るという危惧も大きいだろう。

第五章 新聞がなくなった街

新聞が消えるとどうなるか

アメリカでは地域から新聞がなくなるという事態が、現実となっている。

新聞がなくなると、どのような影響が出るのか。2009年3月にアメリカのプリンストン大学が論文をまとめた。そのタイトルは「新聞は重要か」というものだ。

プリンストン大学は、ジョン・F・ケネディ元大統領が学生時代を過ごし、数学のフェルマーの最終定理を証明したアンドリュー・ワイルズ教授や、ノーベル経済学賞を受賞したポール・クルーグマン教授が在籍していることでもよく知られている。

そのプリンストン大学の研究者が、新聞がなくなることの影響を、データをもとに実証的に分析したこの論文は大きな反響を呼び、アメリカのみならず、日本でも頻繁に引用されている。

プリンストン大学の調査が行われたのは、オハイオ州のシンシナティから、その南に隣接するケンタッキー州コビントンにまたがる地域だ。州は異なっているが、人口4万3000人のコビントンは、川一本を隔てただけで、人口30万人を超すシンシナティに隣接し、その都市経済圏の中にある。

この地域では、2007年までシンシナティ・ポストという新聞社があった。シンシナティに本社を構え、オハイオ州ではシンシナティ・ポストを、ケンタッキー州コビントンではケンタッキー・ポストを発行していた。ケンタッキー州での発行紙をわざわざケンタッキー・ポストと名付けているのは、ケンタッキー州にもオフィスを置き、それなりにしっかりした取材陣を配置して、独自の編集を行っていたからだ。

この両紙が2007年7月に廃刊となった。ピーク時には27万部の発行部数を誇っていたが、廃刊直前には10分の1の2万7000部にまで落ち込んでいた。

大都市であるシンシナティでは、もう1紙シンシナティ・インクワイアリーという新聞が発行されているが、ケンタッキー州のコビントンでは、地元にきちんとした取材網を持っている新聞がなくなってしまった。

シンシナティ・インクワイアリーも一応はケンタッキー州側をカバーしているが、取材体制は基本的にシンシナティがメインとなっていて、ケンタッキー州は「カバーしている」という範囲にとどまり、情報の質を考えればケンタッキー州の新聞とは言えない。

つまり、ケンタッキー州コビントンから地元の新聞がなくなってしまったのだ。

ケンタッキー・ポストの代わりに、USAトゥデーやNYタイムズと契約すれば、配送料は上乗せされるが、新聞を毎日配達してもらうことは可能だ。しかし、両紙ともケンタッキー州には取材拠点が全くない。地元の記事は皆無といってよい。

この論文によれば、100年前までは、全米の689の都市で、互いに競合しあう新聞が発行されていた。しかし、2009年の初めには、そういう新聞間の競争が行われている都市は、わずか15都市にまで減っている。多くの都市で新聞が1紙しかなくなり、言論の多様性が失われるという事態に陥っている。

そして、ケンタッキー・ポストが消えたように、後に残されたその1紙さえも、なくなってしまう日が現実となってきている。

大学が調査した廃刊による影響

論文の著者、プリンストン大学のサム・シュルホファーは、2007年の新聞廃刊前後の地方選挙、つまり議会選挙や教育長などの複数の選挙について、統計学的な分析を行った。専門的すぎるので詳細は割愛するが、結論は以下のようになる。

まず、選挙では軒並み投票者の数が減った。地元の新聞がなくなって、報道が少なくなったことで、住民の地方政治への関心が低下してしまったと考えられる。

また選挙運動に投入される資金量も減っている。日本ならば、政治に金がかかりすぎるという意味で金額が減ったのはよいことだという見方もできる。しかし、アメリカでは、一般市民に向けた広報キャンペーン的な意味合いが強い。そのため、選挙活動の資金が減ったということは、現職議員の間で有権者に対する「説明責任」を果たそうという意識が低下したことを意味する。

さらに、地方選挙に立候補しようという新人候補の数も大きく減ったことが明らかになった。その結果、選挙でどのようなことが起きたか。

論文では、どの選挙でも競争がおきにくくなり、「現職に有利」な状況が生まれていると結論付けている。地方政治に新しい風が吹き込まれなくなり、硬直化しているのだ。

この論文の特筆すべきところは、統計を用いた実証的な分析によって、こうした影響を明らかにした点である。

新聞がなくなることで、地方政治を取材・報道する担い手がいなくなり、汚職など腐敗が蔓延すると予測するのは簡単なことである。しかし、それは単なる「危惧」の域を出ない。この研究は、データをもとにして、恐らく世界で初めて「実証的に」新聞がなくなることによる影響を明らかにしたことに、大きな意義がある。

執筆したサム・シュルホファーは、学術論文ということもあって非常に回りくどい言い回しをしているが、結論は次のとおりである。

「もしも、選挙における投票者の数、立候補者の多様性、そして、現職の説明責任というものが民主主義にとって重要なものであるならば、我々は新聞の衰退を嘆く人々の意見に同意せざるを得ない」

情報過疎に陥った住民

「とにかく地元のニュースが入ってこなくなった」

「はじめに」でも紹介したケンタッキー州コビントンの住民の嘆きである。

新聞がなくなることで、住民の生活にどんな影響が出るのか、2009年11月中旬に現地へ取材に入った。

経済圏の中心となるシンシナティは、高層ビルが立ち並ぶ地方の中核都市といった佇まいだが、オハイオ川を挟んで対岸のコビントンは人口4万3000人あまり、高層ビルはほとんどといってよいほど見当たらず、人通りもまばらだ。

地元の有力者で、地域の開発計画について政策提言をするNPO「ヴィジョン2015」の代表ジョン・ダマシュコを訪ねた。オハイオ川沿いの20階建てマンションの最上階に暮らし、自宅の窓からはシンシナティの町並みが一望できる。

ダマシュコはいま、地元のニュースを知るためにインターネットを利用している。1日に2時間近くを費やすこともあるという。

新聞ならNYタイムズ、テレビならCNNといったニュースソースを使って、日々起きている事柄について情報収集に努めている。ニューヨークやワシントンで起きている政治や経済などの大きなニュースは簡単に手に入れることができる。

しかし問題は、地元の郡レベルの行政や議会の動きが、ほとんどわからなくなってしまったことだ。

廃刊したケンタッキー・ポストが会社形態を変え、インターネット版として細々と情報発信をしているが、その主なニュース項目は、天気・交通情報・スポーツ・生活・訃報欄・宝くじ・車などの生活情報が大半で、硬派な記事はほとんど見当たらない。

ダマシュコは不満げにこう語った。

「インターネットを見れば、交通事故や訃報などの情報は得られる。だが、私たちの生活を左右するような地方政治についての、深い分析に基づくニュースが全くと言ってよいほどなくなってしまった」

地元のテレビ局もあるにはあるが、ケンタッキー・ポストのようなしっかりした取材体制を持っていないため、情報の質は足元にも及ばないとダマシュコは感じている。さらに、新しいインターネット版のケンタッキー・ポストも、紙面を廃刊する際に記者を大幅に削減してしまったため、内容は従来とは比べものにならない。

地元のニュースをきちんと掬《すく》い上げてくれる報道機関がなくなってしまったのだ。

「医療保険改革など全国的な問題であれば、多くの記者が情報収集に走り回るだろう。でも、私の住むノーザン・ケンタッキー地方は、人口が30万人。重要な問題があっても、取材する記者は皆無に近いのが現実だ」

地方行政の腐敗が始まる

NPOの代表であるダマシュコは、地域の課題や問題点に常に注意を払っており、社会に対する意識が高い。NPOでは、どのような企業を地元に誘致すべきか、その方策はどうしたらよいかといった経済面の提言をしたり、あるいは行政の教育予算の使い道を検証したりと幅広い活動を行ってきた。

ダマシュコはケンタッキー・ポストの熱心な愛読者でもあった。自分のNPOの活動に関わる新聞記事は切り抜いて保存してきた。ダマシュコが見せてくれたその切り抜きの束は、厚さ10センチメートルくらいはあった。

「これは地元のケーブル委員会の不正を暴いた記事だ」

「これは市民が税金を効率的に使うよう、地元の役場に要求している記事です」

ダマシュコは次々と昔の紙面を手に取り、説明を始めた。

黄ばんだ紙面には、地元紙ならではの記事が並んでいた。全国紙では取り上げないニュースだが、地元にとっては大きな問題である。

ケンタッキー・ポストの廃刊とともに、こうした取材記事を発表してくれる組織がなくなってしまった。ダマシュコは、行政というのは常に監視の目にさらされ、緊張感が保たれていることが大切だと考えているが、それを担保するメディアはもうない。

ダマシュコは言う。「毎日ケンタッキーで起きる事柄に目を光らせている人たちが一定数いることが、どれだけ重要なことか」と。市民の税金をどう使い、どのような社会を目指していくのか、もちろん行政自身が情報発信をしてはいるだろうが、行政とは別の目線でそれを分析・監視することができなくなったとき、行政の堕落が始まり、腐敗へと進んでしまう。

新聞がなくなった街の未来について、ダマシュコは悲観的だ。

「ケンタッキー・ポストのような新聞がなくなる影響は、私たちの世代にはまだ軽微かもしれないが、次の世代、その次の世代へと時を経るにしたがって大きくなる」

コミュニティが崩壊する

ダマシュコは古いケンタッキー・ポストの切り抜きの一枚を出し、その中に並んで印刷されている5人の顔写真の一つを指差した。15年以上前のダマシュコだった。

1995年のその記事は、ダマシュコの主宰するNPOが行政組織の統廃合について提言をしたことについて、賛成・反対の両方の論者を呼び、ダマシュコも含めた5人でディベートを行い、その議論の内容を特集1面に掲載したものだった。

新聞はあるテーマについて賛否両論から分析した記事を掲載する。それによって、読者は自分で考え判断することができる。ただ、ダマシュコがそれ以上に大切だと思っているのは、コミュニティがどの方向へ向かっていけばよいのか、新聞はそのコミュニティの人々を一つに結びつけ「議論する場」を提供するということだ。

「当時は、この記事によって賛成・反対、両方の意見を知ることができ、新聞が地域社会の向かうべき方向を決める対話の場となっていた」

ダマシュコが言う「対話の場」には、文字どおり物理的な対話が行われる場としての新聞という意味と、同時に少し抽象的だが、新聞があることによって、コミュニティが構成されるという「想像の共同体」としての意味も含まれている。

現在、ダマシュコたちは、住民の意識がどこにあるのかわからないことを問題視している。

インターネットだけが情報のやりとりのメディアとなったいま、コミュニティをつなぎとめる場としての新聞はなくなり、単発的な情報発信のブログだけが残ってしまった。ある価値判断を持って記事を掲載する新聞とは違い、ブログはインターネット上で他の無数の情報と同じように、ただ発信されるだけだからだ。

住民の意向を取り入れて活動してきたNPOが、指針とすべきコミュニティの空気を読み取れなくなっている。

これまでアメリカでは地域ごとの地方紙が無数に存在し、コミュニティを支えてきた。新聞がなくなったことで、地方行政の権力を監視するという最大の機能が失われると同時に、アメリカ社会は、「コミュニティ崩壊」という危機にもさらされている。

「腐敗の時代よ、こんにちは」

「新聞の時代よ、さようなら（腐敗の時代よ、こんにちは）」"Goodbye to the Age of Newspapers (Hello to a New Era of Corruption)"

なんとも刺激的なタイトルである。

新聞消滅の影響を調査したプリンストン大学から、もう一つ、こんなタイトルの論文が2009年3月に発表されている。執筆したのはポール・スター教授。ウッドロー・ウィルソン・

スクールの所属で、近年瀕死の新聞業界についての発言を続けている。

書き出しは次のように始まる。

「新聞はアメリカの日常生活には、あまりにも不可欠なものであり、政治・文化・経済の中心的存在だった。だが新聞社はそれによって〝権力〟と〝儲け〟を手にし、新聞がいかに歴史的に重要な発明であるか、忘れてしまったのだ」

あのNYタイムズですら経営悪化に直面し、各紙も軒並み国内外で記者を減らし、記事の本数や内容を減らし、ページ数も削っている。それらを明らかにしたうえで、この論文は新聞がなくなることの深刻な影響を列挙していく。

- 報道されないという安心感によって、政府の腐敗が進む
- ジャーナリズムの側も、経営を維持するため資金の出し手におもねるようになる
- 国際情勢を、アメリカの新聞社が独自に取材しなくなり、国の安全保障が脅かされる
- 地方紙がワシントン支局を次々と閉鎖している。これによって地方の視点から連邦レベルの動きを見ることができなくなる
- 新聞社の閉鎖により、言論の多様性が失われる
- 新聞の衰退は、アメリカの民主主義を崩壊させる

この論文は新聞社に勤める記者よりも雄弁に新聞への愛情を語っている。そして最後はこう締めくくられる。

「新聞が我々に与えてくれたものは、ニュースの報道だけではない。新聞は読者である我々市民に、政府に打ち勝つレバレッジ（＝てこ）を与えてくれたのだ。しかしいま、このてこが崩壊しようとしている」

危機感を畳み掛けるように書き記すポール・スター教授は、処方箋については言及していない。おそらく新聞の消滅は織り込み済みになっているのだろう。

アメリカでは、新聞に愛情を抱いている陣営においても、従来型の新聞のビジネス・モデルがもはや成り立たないことが、共通の認識となりつつある。

政府が新聞社を救済する？

２００９年5月、アメリカ上院議会合同商務委員会が、マスコミ関係者を集めた公聴会を開いた。

公聴会のタイトルは「ジャーナリズムの未来」。開催を呼びかけた委員長は、民主党の大統領候補にもなったことがある、ジョン・ケリー上院議員だ。

ケリーは公聴会の冒頭で、政府を監視し企業の不正を暴いてきた新聞という存在の重要性について言及しながら、一方で、従来の新聞という経営モデルがもはや成り立たなくなってしまっていると繰り返した。新聞は絶滅危惧種だとまで形容している。

そのうえで、デジタル時代のジャーナリズムをどう考えていけばよいのか議論して欲しい、と開会の言葉を締めくくった。

ケリーに引き続いて登場したのがベンジャミン・カーディン議員だ。かねてから「新聞社救済法案」についての議論が必要だと訴えてきたが、この公聴会で、政府が新聞社の経営を公的に支援するという法案の詳細を明らかにした。

カーディンは、法案の説明に先立ち、まず選挙区の地元紙ボルティモア・サンが経営悪化に直面していることを取り上げた。地方にとっては、地元の情報を掬い上げ、地元の行政を監視する地方紙の存在がかかせないということを述べたあと、新聞社救済法案の柱を説明し始めた。

そのポイントは、「新聞社をＮＰＯ（非営利団体）とする」「税制上の優遇措置を与える」「新聞社への寄付についても税制上の優遇を与える」というものだ。

なお、経営破綻した自動車会社ＧＭに対して巨額の支援をしたように、政府が公的資金を直接注入することは考えていない。公的に支援を受けると、報道の独立性を損ないかねないからだ。経営という首根っこを権力の側に押さえ込まれてしまっては、自由な言論は担っていけなくなる。

直接的には、ジョン・ケリーは経営危機に瀕するボストン・グローブから、ベンジャミン・カーディンは地元紙ボルティモア・サンから、それぞれ長年支持を受けてきたという関係がある。しかしながら、「彼らは自分を支持してくれる新聞を助けようとしているにすぎない」という批判は的を射ていない。実際に、こうした新聞社が、経営を支援して欲しいと政府や議員に訴えているわけではなく、むしろ救済法案には反対する新聞社の方が多いからだ。

つまり、議員たちは新聞社の意向とは関係なく、主義主張を超えて真剣に新聞の行く末を案じていると言える。

アメリカでは権力者の側が危惧するほど、事態は深刻だということだ。

新聞社をNPO化できるのか

公聴会で議論になった、新聞社をNPO化するという大胆な発想は、いまアメリカで一つの潮流となって論議を呼んでいる。

NPO化が、主要メディアで最初に本格的に取り上げられたのは、2009年1月末。NYタイムズの解説欄にエール大学のデイヴィッド・スウェンセンらが、「公共財としての新聞」という論文を投稿したときだ。

新聞はビジネスとしては破綻したかもしれない。しかし、情報を社会に提供する媒体は、民主主義国家にはなくてはならない。新聞は公共財であり、NPOとして生き残る道を探っていかなければならないだろうというのがその趣旨である。

そして10月、ワシントン・ポストの副社長レナード・ダウニーと、コロンビア大学ジャーナリズム大学院のマイケル・シャドソンが共同で発表した論文が、全米のマスコミ関係者にさらなる大きな議論を巻き起こした。

「アメリカのジャーナリズム再建のために」というタイトルで、大きく次のような提言をしている。

・新聞社などの報道機関をNPO化
・報道機関への寄付がしやすくなる税制の整備
・公共放送への公的資金注入
・ネット企業や読者から料金を徴収し「基金」を設立

ダウニーの説を解きほぐしていくと、NYタイムズやワシントン・ポストなど既存の大手新聞が直ちにNPOになるということではない。地方の新聞や記者たちがインターネット上で細々と行っている地域発のニュースサイトの経営を支援していこうというのが、この論文の本来の目的である。

底流には、報道機関をNPO化し、そこへの寄付を促すことで経営基盤を固めようという考えがある。事実、ワシントン・ポストのお膝元ワシントンでは、新聞社への減税措置が行われている。これは、新聞社が公的な性格の強い組織として認められたということであり、NPO的な色彩を強める第一歩だとも言える。

しかし、このNPO化案に対しては反対の声の方が多いのが現実だ。

そもそも新聞社を救う必要があるのかという議論から始まって、政府に支援を受けることで、自由な言論が妨げられるのではないかという意見が多い。

一般に、非営利組織（NPO法人）であるか営利組織であるか、その基準や判断は行政に委ねられることになる。その結果、権力者に首根っこを押さえられることにつながってしまうというのだ。

これまでは利益を追求する私企業であるからこそ、自分たちの資金によって、政府から独立して取材・報道することが可能だった。その基盤を捨ててしまってよいのか。新聞業界の内部から持ち上がった新聞のNPO化は、危うさを内包している。

新しいジャーナリズムの胎動

新聞が衰退する一方で、大きな注目を集めているのが、調査報道を行うニュースサイトだ。ここ数年の間に、これまで新聞が担ってきた調査報道を専門に行い、ニュースサイトにNPOの組織が、アメリカ各地で次々と誕生している。

その代表格が、2010年4月にピューリッツァー賞調査報道部門での受賞を果たしたニュースサイトであるプロプブリカだ。2007年10月に設立され、わずか2年半でジャーナリズムの中心に躍り出たプロプブリカは、ニューヨークのウォール・ストリートの一角にオフィスを構えている。

取材に訪れたのは、受賞の半年前にあたる2009年11月だった。その日は、ちょうど地元ニューヨーク・ヤンキースがワールドシリーズを制した翌日だった。広報担当者は窓の外を指差し、「ヤンキースの優勝パレードはこの下を通るんだ。最高の眺めだろうね」と自慢した。

経営悪化に苦しむ新聞社を尻目に、新たに登場したジャーナリズム組織が、こんな一等地に拠点を構えていることに驚いた。

所属している記者と編集者は、あわせて32人という小さな所帯だ。編集長はウォール・ストリート・ジャーナルの元編集局長ポール・スティーガー、ナンバー2には、NYタイムズで調査報道の中心にいたスティーブ・エンゲルバーグ、現場の記者はいずれも各分野の専門家で、それまで大手新聞社などの第一線で働いてきた記者ばかり。名前をあげれば、新聞業界では誰もが能力を認める実力者が揃っている。

その主な発表の場は、プロプブリカのインターネット上のサイトだ。新聞や雑誌といった既存のメディアにも有料で記事を提供している。

では、いったいどんなジャーナリズムを目指しているのか。

それは、アメリカの新聞が担ってきた、いわゆる「調査報道」だ。ウォーターゲート事件（ワシントン・ポスト）やペンタゴン・ペーパーズ（NYタイムズ）がその具体例である。長い時間をかけて緻密な取材を行い、少しずつ事実を積み上げていくことで、最後には社会の隠された問題や政治の腐敗を暴くという取材だ。

プロプブリカが実際に行っている調査報道がどんなものか、以下に実例をあげていくことにする。

その一つが2010年4月にピューリッツァー賞を受賞した、「死の選択」と題された記事だ。2005年にニューオーリンズがハリケーンによって甚大な被害を受けたことを記憶している人も多いだろう。2年半におよぶ長期取材によって、重傷者が数多く運ばれたメモリアル医療センターで、実は多くの患者が「安楽死」させられたという事実を暴き出したのだ。

また、プロプブリカの記者の一人が、政府の機密文書を白日のもとにさらしたこともある。

アメリカ政府は、イラク戦争後の復興計画が1000億円もの損失であったという極秘の調査結果をまとめていた。イラクの再建は遅々として進まず、実際はアメリカ軍のイラク侵攻とその後の混乱の中で破壊された都市を部分的に修復しているにすぎないという内容だ。この報告書が公になれば、アメリカが推し進めてきたイラク戦争そのものの意義を問われる可能性がある。

2009年後半に最も力を入れていた調査報道は、既存メディアにはないユニークな視点からのものだ。経済危機後のオバマ政権による景気刺激策について、数千人の市民の協力を得て、その公的資金が本当に狙いどおりに使われているのか、その金の流れを追跡していこうというプロジェクトだ。

このように既存の新聞社顔負けの報道が行われている。これまでNYタイムズなどが牙城としてきたピューリッツァー賞調査報道部門での受賞が何よりもその証拠である。

第一章で取り上げた「NYタイムズ再生案」のような、小規模だけれども、有能な記者を集めた少数精鋭の報道機関の実例として、プロプブリカは真っ先にあげられる。

新聞社を離れた一流記者たちの困惑

プロプブリカでは3人の記者にインタビューを行った。

彼らは新しいジャーナリズムへの期待や抱負を前向きに語る一方で、どこかで既存の新聞に対する愛情も捨てきれずにいるように思えた。どんなに自分たちプロプブリカが素晴らしい調査報道を成し遂げたとしても、報道機関としては新聞の方が上位に位置しているという感覚を断ち切れていないようだった。

最初にインタビューしたのはワシントン・ポストに勤めていたというダスナ・リンザー。専門テーマは、国の安全保障政策で、CIAをはじめとする諜報機関への取材を行ってきた。ワシントン・ポストを退社する直前の数年は、核不拡散について突っ込んだ取材を続けてきた。

ワシントン・ポストで度重なる早期退職の募集が始まった時期、非営利組織によるジャーナリズムに新たな可能性を感じ、プロプブリカに移籍してきた。

「ここでは、新聞社の予算や組織のしがらみといった問題にとらわれることなく、自分が関心のあるテーマを追求することができる。大きな新聞社と違って、個人商店がいくつも連なっている、非常に自由な組織だ」

前向きな意見だった。しかし、既存のメディアに対する思いも語り始めた。リンザーが壁を指差すので、よく見るとオフィスの壁には、額に入れられた新聞の1面の紙面が、所狭しと飾られていた。

「その壁に貼られた新聞を見てください。その2枚は、私がかつて所属していたワシントン・

ポストの1面です。2つとも私の記事です。私の記事がワシントン・ポストの1面を飾ったのです。嬉しいですね」

プロプブリカはインターネットしか自前の発表の場を持っていない。ワシントン・ポストのような有力新聞の「紙面」を借りなければ、社会に対して大きな影響力を与えられないという事実も認識しているようだった。

二人めにインタビューしたのは、月刊の経済誌「フォーブス」からやってきたという記者のエイブラーム・ラストガーデン。長い間働いてきたフォーブスでは、退職する直前、取材人員が半分に削減され、取材にかけられる予算も大幅に減っていたという。

「これまでは締め切りに追われ、取材を途中で切り上げて原稿をまとめ、次々とテーマを探してきた。しかし、プロプブリカでは締め切りがない。現在調べているテーマには、もう1年半も費やしている」

ラストガーデンは、新しいメディアの可能性をプロプブリカに感じている。雑誌は、新聞以上に厳しい状況に置かれていることが大きな要因かもしれないが、現在の取材体制は、自分がいままで所属してきたどの会社よりも恵まれていると語った。

最後にインタビューしたのは、ロサンゼルス・タイムズを自主退職したロビン・フィールドだ。専門は医療制度。2008年には、精神科病院の内情についての綿密な取材を行い、記事を発表している。２００９年11月にインタビューした時点では、腎臓の透析治療に関する医療事故を追って西海岸を飛び回っていた。

プロプブリカに入るきっかけは、やはり所属していた新聞社の衰退だ。ロサンゼルス・タイムズが経営危機に陥り、記者の解雇や自主退職の募集を何度も繰り返したことに嫌気がさしたという。退職後にロサンゼルス・タイムズの親会社にあたるトリビューン・グループが破産したため、フィールドは、早めに見切りをつけておいてよかったと語った。

しかし、デスクの傍らには古巣のロサンゼルス・タイムズが置かれていた。１年前に調査報道した精神病院に関するリポートをロサンゼルス・タイムズが購入し、１面に掲載したのだ。フィールドもまた、既存の新聞であるロサンゼルス・タイムズに記事が掲載されたことについての喜びを語った。

プロプブリカで活躍する記者たちは、新しいジャーナリズムに大きな期待を抱きながらも、一方で、新聞として印刷されて配られる方が、社会に対してより大きなインパクト・訴求力を持つことができると感じている。自分たちの調査報道の記事を新聞側が求めてきたことに、大きな喜びを見出しているのだ。

もちろん、ホームページでの記事配信を中心とするプロプブリカの強みもしっかり認識している。

「毎日捨てられる新聞とは違い、ネット上の記事はデータとして残る。数年前の記事が、何らかのかたちで読者の目に触れ、感想が送られてくるという、今まで想像もできなかった読まれ方をしている」

しかし、フィールドはインタビューの最後に、自分たちプロプブリカが決して成し遂げられないものを新聞は担っているのだと語った。新聞社を離れて初めてそのことに気づいたという。

「私たちプロプブリカは、少数のスタッフで個別のテーマをじっくりと取材する。しかし、既存の新聞社のように膨大な取材体制をもって、毎日のニュースを取材することは不可能だ」

寄付に依存した経営は成り立つのか

記者たちが従来の新聞社に比べて自由だと言うプロプブリカの財源は、「寄付金」によって成り立っている。

サンフランシスコ在住の資産家、サンドラー夫妻がサンドラー財団を通じて、3年間で300万ドル（30億円）という資金を提供したのだ。サンドラー夫妻は金融業で財産を築いた後、人権団体などへの寄付を続けてきた。そして、世界同時不況の引き金となったサブプライムローン問題が発生し、アメリカ経済が大混乱に陥るのを目の当たりにし、弱者へのまなざしを忘れない調査報道の大切さを痛感したという。

ちょうど新聞が衰退のスピードを加速させている頃だった。サンドラー夫妻は既存の新聞を援助するのではなく、インターネットで調査報道の記事を発表するNPO組織としてプロプブリカを新たに立ち上げることにしたのだ。

ホームページには、「調査報道は今、瀕死の状態である。人員削減を加速する既存のメディアに頼ることはできない。公共の利益となる調査報道を今後も実現していくためには、新たなビジネス・モデルが必要である」といった設立趣旨が書かれている。

その答えが「寄付」を基盤とした経営モデルだったのだ。

プロプブリカのホームページには、一口25ドル、50ドル、100ドル、500ドルなど読者が金額を選択し、クレジットカードで寄付を行うという仕組みが作られている。

インターネット広告を掲載したとしても、その広告に依存しない収益構造を寄付によって確立しようとしているのだ。

しかし、この寄付モデルには大きな問題がある。

多額の寄付金を拠出してくれる出資先に対して、報道の独立性を維持することができるか、という問題だ。さまざまな分野の取材を続けていけば、どこかで必ず、その出資先の利害に関係する事柄が出てくるだろう。その時に、経営を支えてくれている出資先に対しても、批判的な記事を書けるのだろうか。

記者たちが取材して執筆した独自の記事を、既存の新聞にも提供・販売することで、プロプブリカは収入を得ている。寄付以外の収入源を確保していくことは、独立した報道を行っていくためにはとても重要だ。

他の調査報道サイトなども取材したが、この記事提供については、新聞社の「アウトソーシング」にすぎないともいわれている。

新聞社が自前で記者を抱えていると、社会保険料などを含めた人件費をはじめとして巨額の金がかかる。それを、プロプブリカの記者たちに長時間かけて取材してもらい、新聞社はその結果だけ買い取って紙面に載せる。随分と安上がりだが、これは外部から記事を購入していることに他ならない。

日本記者クラブのホームページには、アメリカで調査報道NPOが実力をつけ台頭していることについて、大手全国紙の記者がこう書いている。

「もはや新聞は紙面の〝場所貸し産業〟になってしまうのではないか。そんな危惧を覚えた」

それによって質の高い記事が常に読者にもたらされているのであれば、問題はない。ただ、新聞社がこれまで蓄積してきた取材能力が失われていくのではないかという危惧がある。アメリカではそうした事態が進んでいるのだ。

さらに、もう一つの懸念もある。「調査報道NPO」の経営がさまざまな利益団体に左右されずに、安定的なものであり続けることができるかどうかだ。調査報道NPOが、質の高い公正な調査報道を常に提供してくれなければ、新聞社にとってアウトソーシングの意味はなくなってしまう。

新聞を上回る調査報道NPO

プロプブリカとともに、アメリカを代表する調査報道NPOとして、名前をあげられるのがセンター・フォー・パブリック・インテグリティだ。

1989年に設立され、これまで400を超える独自の調査報道の記事を発表してきた。

その名が全米に知られることとなった最初の記事は、1996年の「ファット・キャット・ホテル」という記事。時のクリントン大統領が、民主党に政治献金をしてくれた支持者をホワイトハウス内の一室に宿泊させるシステムが存在するという事実を暴いたものだ。政府の公的な施設ホワイトハウスの不正利用を暴いたスクープは、権威あるパブリック・サービス・アワードを受賞した。

その他にも、2000年に、巨額の粉飾決算で世界中を大混乱に陥らせたエンロンがブッシュ大統領（当時）に60万ドルもの献金を行っていた事実を突きとめ、両者の蜜月ぶりを明らかにした。

２００３年には、ブッシュ政権のもとで密かに法案作りが進められていた（第二）愛国者法の中身をスクープした。この調査報道は全米に衝撃を与えた。というのもブッシュ政権は、9・11後に策定した愛国者法が議論を呼んだため、第二案はもう考えていないと明言していたからだ。

同じ２００３年10月には、イラクやアフガニスタンでの戦争がもたらす巨額の利益にむらがるアメリカ企業の内実を明らかにした。当時この記事は日本でも何度か紹介されたが、イラク、アフガニスタンの総額80億ドルに上る復興事業を受注した企業の多くが、ブッシュ政権と深い関わりを持つ企業だったのだ。それにより、イラクやアフガニスタンにおける戦争の正体が明らかになった。

設立者のチャールズ・ルイスによれば、「戦争の成果」と呼ばれるこの調査報道は、20人の調査スタッフ、記者、編集者が一つひとつの事実を積み上げていった。情報公開の請求は73件。国務省や陸軍を相手に訴訟も起こして、復興事業を受注した企業との間で交わされた随意契約の資料を入手し、最終的な記事をまとめあげたのだ。記事として発表するまでに、6カ月をかけたという。

これらの緻密な調査報道は、これまでアメリカの新聞社が成し遂げてきた取材そのものだ。アメリカでは調査報道ＮＰＯの取材力は、確実に伸びてきており、既存の新聞社に肉薄するか、それ以上のものになりつつある。

「調査報道NPOの中から、近い将来、ピューリッツァー賞が生まれる可能性は高い」

2009年、チャールズ・ルイスはこう公言していたが、なんと翌年にその言葉は現実となった。

資金調達のジレンマ

2009年12月上旬、調査報道NPOのカリスマとも言える、センター・フォー・パブリック・インテグリティの設立者チャールズ・ルイスが来日。早稲田大学ジャーナリズム大学院や日本記者クラブで講演を行った。

ルイスは、もともとABCの記者やCBSの看板番組「60ミニッツ」のプロデューサーとして活躍していた。しかし、自分が関心を持ったテーマの取材について、社内的な許可が下りないという現実に直面し退職を決意する。CBSを辞めてからは、自宅を拠点にして、各種の財団、労働組合、あるいは企業からの助成を受け、調査報道を行う基盤を整えていった。

設立当初の年間予算は20万ドルだったが、15年後の2004年には、年間予算460万ドルに膨れ上がった。その過程で、企業や労働組合から助成を受けることを止め、予算の90％は財団関係からの寄付に依っているという。

ルイスは、2005年1月に、センター・フォー・パブリック・インテグリティのエグゼクティブ・ディレクターの座を退き、裏方にあたる基金の代表者になった。ルイスが現場の最高責任者だった2004年の段階では、40人のフルタイム・スタッフ、20人以上のパートタイム・スタッフ、そして、それ以外にも多くのインターンを抱える強力な調査報道機関に育っていた。

ルイスは、テレビ局のような既存メディアを離れることで、自分自身がボスになり、誰にも阻害されることなく取材ができるという大きな利点を手にしたと語った。

しかし、独立した報道機関を維持していくための資金調達にかかる労力は並大抵ではない。ルイスは、資金をいかに調達するかという、それまでにない重荷も背負うことになった。

アメリカにはロックフェラーやカーネギーといった有名財団などを筆頭に、資産家が多額の寄付を拠出し社会へ還元していく「寄付文化」がある。それが、近年登場した調査報道NPOの存在を可能にしている。

ルイスは企業や労働組合からの寄付を受けることは止め、いまでは財団関係が寄付の大半を占めていると言うが、会場からは「財団といっても、共和党系だったり民主党系だったり、それぞれに主義主張があるはずだ。その資金に依存することで、報道の内容が左右されることはないのか」という鋭い質問がなされた。

これに対して、ルイスは、非常に重要なポイントだとしたうえで、調査報道NPOは、全ての資金源を開示しなければ、その報道内容の公正さが担保されないと明言した。ただ一方で、それは新聞社が広告主からの資金を必要とするのと基本的には同じような関係ではないかと語った。

ワシントン・ポストで問題が発生

2009年12月31日、ワシントン・ポスト紙上で、恐れていた事態が起きた。

この日掲載された「財政赤字の削減に支持広がる」という記事は、フィスカル・タイムという調査報道NPOの取材をもとにしたものだった。記事の冒頭には、フィスカル・タイムの組織名と記者の署名が入っており、末尾には、フィスカル・タイムが連邦政府の予算を専門に取材する、独立したデジタル報道機関であるとの注が入っていた。

この記事に対して、クレームがついたのだ。

フィスカル・タイムという調査報道NPOは、資産家ピーター・ピーターソンからの資金援助を受けている。そのピーターソンは、投資銀行の出身で、この記事の内容に大きく関わる社会保障制度の改革、そして財政赤字の縮小を長年にわたって主張し続けてきた人物だった。

つまり、ある特定の主張をする人物からの資金を基盤とした報道機関があって、ワシントン・ポストはそこから記事の提供を受け、その人物の主張・利害に直接関わる内容の記事を掲載したのだ。

当然、ワシントン・ポストが特定の団体の「プロパガンダ」に協力したという批判が巻き起こった。記事内容に意図的なものがなかったか、社内調査が行われることになった。

そして、2010年1月10日、ワシントン・ポストの外部監査役である、アンドリュー・アレクサンダーが調査報告を発表した。アレクサンダーは、全米で現在16の新聞を発行するCOXグループで40年にわたって活躍してきた記者で、2009年からワシントン・ポストの外部監査役を務めている。

アレクサンダーの報告によれば、もともとこの記事の構想は、ワシントン・ポストの編集者側から出てきたものであったこと。そして、フィスカル・タイムの取材をそのまま鵜呑みにした記事ではなく、ワシントン・ポストの編集者がかなり手を加えたものであったことが明らかになった。

記事の内容そのものに捏造や誤りがあったわけではなく、根幹の部分は、なんとか守られていたことになる。

しかし、アレクサンダーは大きな問題点を指摘した。フィスカル・タイムがピーターソンという特定の主張を行う人物が設立した組織だということを、読者にきちんと情報開示する必要があったというものだ。

まず、記事の末尾でフィスカル・タイムという組織を紹介する際、「独立したデジタル報道機関」という表現をしている点だ。本来は、ピーター・ピーターソンが設立し、支援した団体だと明記したうえで、記事にはそのピーターソンにとって利害関係がからむ内容が含まれることを、きちんと書かなければならなかったとしている。

また、この記事は、ある有識者の発言を引用しているが、実は、これもピーターソンから寄付を受けている調査機関の代表者だった。さらに、ピーター・ピュー委員会という組織が発表したデータも使われているが、これもピーター・ピーターソンが関係した組織だった。

致命的な間違いには至らなかったものの、記事の内容が、利害関係がからむ団体が発表したコメントやデータを使用していたとなれば、掲載したワシントン・ポストの信頼性に関わる問題である。

外部監査役のアレクサンダーは、そのピーターソンから、直接の説明を受けたことを検証記事で明らかにしている。

それによれば、ピーターソンは「資金は提供しているが、フィスカル・タイムが取材する内容には一切タッチしていない。今回の記事は、紙面に掲載されるまで知らなかったし、編集内容に口出ししたこともない」と自らの関与を全て否定している。

大学の「調査報道」を追う

新しい調査報道NPOは、大学との連携も進めている。

経営危機に直面するサンフランシスコ・クロニクルのお膝元、サンフランシスコで取り組みが始まっているベイエリア・ニュース・プロジェクトは、地元のカリフォルニア大学、UCバークレーのジャーナリズム大学院と提携を結ぼうとしている。

カリフォルニア大学ジャーナリズム大学院は、ジャーナリズムを教える高等教育機関としては西海岸随一の組織であり、日本の大手新聞社からも留学というかたちで数人が派遣されている。

2009年7月にサンフランシスコ・クロニクルを解雇され、ベイエリア・ニュース・プロジェクトの取りまとめを行っているカール・ホールは、ジャーナリズム大学院のニール・ヘンリー学部長と頻繁に連絡を取り合っている。ジャーナリズム大学院の学生が実際に取材した記事を掲載したり、ホームページの管理を一部任せるようなことを検討しているのだ。

カリフォルニア大学ジャーナリズム大学院では、すでに独自に4つのニュースサイトを立ち上げている（http://journalism.berkeley.edu）。大学の予算に加え、フォード財団や地元企業からの寄付を受け、それを元手に学生たちが硬軟取り混ぜ、さまざまな地元の話題を取材。それぞれのエリアごとに、ホームページを開設している。

サイトはそれぞれ、「ミッション・ローカル」「オークランド・ノース」「リッチモンド・コンフィデンシャル」「ニュース21」と名づけられ、その内容は、地元のレストランの紹介といった街ネタから、地元の自治体の動向、カリフォルニア州議会のニュースまで多岐にわたる。

カール・ホールとともに、学部長のニール・ヘンリーを訪ねた際、大学の編集局と呼ばれる講義室では、このサイトの制作が行われているところだった。20人ほどの学生が、パソコンに向かって作業していた。

ニール・ヘンリーは、このニュースサイトについて、「ハイパーローカル・サイト」（超・地域密着）という紹介をした。いま、アメリカのジャーナリズムで、新たに注目を集めている概念だ。

例えば「ミッション・ローカル」のサイトを見ていくと、サンフランシスコ中心部の地図とともに、どこの歩道に割れ目があるか、どこの交差点がどう危ないか、事細かに現地取材を行って書かれた記事がある。その地域に暮らす人しか関心を持たなくても、その人たちにとっては重要な情報であることが、「ハイパーローカル」の意味だ。

地元のサンフランシスコ・クロニクルなどの有力紙では、国際ニュースや全国ニュースも含めて、その日のひととおりのニュースを把握できる紙面作りが求められる。そのため、どうしても総花的にならざるをえない。「ハイパーローカル」は、いままでの新聞が見過ごしてきたような、本当の意味での地域密着を実現しようと考えているのだ。

こうした取り組みは、全米に勢いを増しつつある。

代表的なものは、「サンディエゴの声」と呼ばれるカリフォルニア州サンディエゴのニュースサイト。年間８０００万ドルの予算の大半を、地元市民からの寄付によって運営するという注目すべき取り組みで、２００５年の設立以来、ジャーナリズムの新たな可能性を探る実験場として注目を集めている。全国ニュースは一切取材しない方針を貫く一方で、地元政治の腐敗を暴くなど、徹底した地域密着が特徴だ。

「ハイパーローカル」に限らず、大学で調査報道に取り組むところは着実に増えている。

有名なのはアメリカン大学の「調査報道ワークショップ」だ。センター・フォー・パブリック・インテグリティを設立した調査報道のカリスマ、チャールズ・ルイスが、２００８年６月にスタートさせた。チャールズ・ルイスは教授として教鞭をとる一方、この「調査報道ワークショップ」の編集長も兼務している。

２００９年３月に発表した最初の記事は「バンク・トラッカー」と呼ばれる、銀行の経営の健全性を調査した内容だ。全米に８２００ある銀行について、財務データを集め独自に分析を行った記事は大きな反響を呼び、１週間で４００万アクセスが集中したという。

学生の手による記事が、NYタイムズなど大手新聞の紙面に掲載されたこともある。アメリカ政府から風力発電業界へ行われた公共投資のうち、80％の資金が、海外に流れていたという調査報道だ。CNNやイギリスのフィナンシャル・タイムズもこの記事を掲載し、話題を呼んだ。

他にも、地元の冤罪を数多く暴き出しているノースウェスタン大学、地方政治の不正に切り込んでいるボストン大学、NYタイムズに記事提供をしているニューヨーク市立大学など、全米で10の大学がすでに取り組みを始めているとされている。

新聞が衰退する中、アメリカでは、大学が単なる教育という意味合いを超えて、「ジャーナリズム」そのものの中枢を担おうとしているのである。

NYタイムズ地方進出の内実

サンフランシスコ・クロニクルの元記者、カール・ホールが手がけるベイエリア・ニュース・プロジェクトは、NYタイムズにも記事を提供する方向で提携を進めている。

実はNYタイムズは、2009年10月から、週に2回（金曜と日曜）、サンフランシスコ版を発行し始めている。地元の有力紙サンフランシスコ・クロニクルの弱体化が進む地域に進出し、新たな読者を獲得しようというのだ。同時に、NYタイムズのインターネット版でも、ベイエリア専門のブログ「ベイエリア」を開設した。

しかし、NYタイムズのサンフランシスコ版の記事は、地元のメディアから配信を受けた記事ばかりというのが現実である。これまで10人の記者がシリコンバレーの動静を中心に記事を発信してきたが、自社で新たにスタッフを配置して、独自の追加取材を行うわけではないのだ。記事の外部委託は徐々に進んでおり、将来的にベイエリア・ニュース・プロジェクトからも記事の提供を受けることになる。

11月、NYタイムズは、サンフランシスコに続き、シカゴ版もスタートさせている。ここもすでに触れたトリビューン・グループの破産法申請によって、地元の名門紙シカゴ・トリビューンのリストラが進んでいる地域だ。

NYタイムズのシカゴ版についても、ほとんどが、シカゴ・ニュース・コーポレイティブ（CNC）という非営利のNPO報道機関から記事を購入して、紙面を構成しているのが内実だ。CNCの代表ジェイムズ・オシェアは、シカゴ・トリビューンやロサンゼルス・タイムズで活躍した名編集者である。

NYタイムズによるシカゴ版の発行は金曜日と土曜日の2日間。CNCのホームページによれば、NYタイムズが紙面作りを外部の報道機関に丸々任せるのは初めてのことだという。

NYタイムズのメディア担当記者リチャード・ペレッペーニャは、同社の経営幹部スコット・ヒーキン＝キャネディによる次のような言葉を紹介している。

「NYタイムズは地方のジャーナリズムの活性化にも寄与したい。地元のジャーナリストや報道機関とコラボレートしていくつもりだ」

記事を提供する側、センター・フォー・パブリック・インテグリティの創始者チャールズ・ルイスは、こうした記事配信の提携について、「ウィン―ウィンの関係」だと発言している。既存の新聞社にとっては効率的に紙面を構成できるようになり、一方で新しく登場した調査報道NPOにとっては収入につながるからだ。

しかし、新聞社は、紙面作りを地元の別機関に依存することによって、その地域での発行部数を伸ばそうとしているにすぎない。

国内外のニュースの大半が記者の署名入り記事だったNYタイムズでも、経営が悪化して以降、アメリカの地方都市で自社の記者が独自に取材を行うことは、経営戦略として全く考えられていないのだ。紙面を増やしても、記者を増やすことにはつながらない。「地方のジャーナリズムの活性化にも寄与したい」という発言の真意は、全て外部委託なのである。

ペレツペーニャも、こうした調査報道NPOについて、寄付金による経営であることに不安を感じていると言う。長期的に経営を続けるためには、非営利ではなく、ビジネスとして利益が上がることが必要だと考えている。しかし、実際には、こうした調査報道NPOに、紙面作りを依存し始めているのが現実である。

2010年2月、NYタイムズは、サンフランシスコ版の導入以降、同地域での発行部数が、1000部増加したと発表した。外部委託によって増加したこの発行部数は、NYタイムズのおよそ100万部のなかでは、わずか0・1%にすぎず、依然として厳しい状況が続いている。

ピューリッツァー賞の主役交代が現実に

コロンビア大学ジャーナリズム大学院は、ニューヨークにある。

ここにはピューリッツァー賞の事務局があり、建物に入るとエントランスホールには、ジョゼフ・ピューリッツァーの胸像が飾られている。ピューリッツァーからの巨額の寄付によって、ジャーナリズム大学院も力を誇ってきた。

2009年11月末、学部長のニコラス・レマン教授へインタビュー取材を行った際、レマン教授はピューリッツァー賞の行方について重要な発言をした。

2008年からピューリッツァー賞の審査対象が、活字メディアからインターネットのメディアにまで広がっているという事実だ。ピューリッツァー賞でもジャーナリズムの主役交代に向けた地殻変動が始まっていたのだ。

「非公開の場で数え切れない議論を重ね、決定は下された。ただし、あくまでも審査対象になったただけだ。調査報道の記事は、コストがかかる。インターネットへの扉が開いたからといって、直ちにピューリッツァー賞がもたらされるというわけではない」

実はこの2008年、ピューリッツァー賞の特集部門で、ワシントン・ポストのインターネット版がもとになり、紙面でも発表された記事が受賞している。この記事の扱いをめぐる議論の中で、今後はインターネット・ジャーナリズムも審査対象に含めていくことが決定されたのだろう。

その記事は「朝食の前の真珠」というタイトルの「実験」。世界的なバイオリニスト、ジョシュア・ベルに、彼だとわからないようなぼろぼろの格好をさせて、ワシントンの朝の通勤ラッシュの地下鉄の駅で演奏をさせるという記事だ。1時間でいくらのチップが集まるかをビデオで撮影し、その内容をインターネット版で掲載した。

通勤途中の人たちのほぼ全員が、ジョシュア・ベルの演奏という「真珠」に気づくことなく、通りすぎてしまった。1000人以上が通過し、集まったのは32ドルというのがその結末だ。

ピューリッツァー賞の公式ホームページを見ると、「4月8日、ワシントン・ポスト　Wの10ページ」と表示され、あくまでも紙面での掲載日が基準になっている。だが、演奏されるバイオリンの音楽も含め、ビデオ映像も見られるのがインターネット版の特徴で、その新しいスタイルが受賞に向けた大きな原動力となっている。

ただ、いわゆるピューリッツァー賞の花形部門とされる公共部門や調査報道部門での受賞ではない。

さらにこの記事は、ワシントン・ポストという既存メディアから生まれたものであり、内容としても、ビデオ撮影による「実験」が評価された特集部門での受賞であるため、ジャーナリズムの「主役交代」というにはまだ程遠かった。

しかし、「主役交代」は、プロプブリカの調査報道部門での受賞によって、現実のものとなった。しかもピューリッツァー賞がインターネット・メディアへの門戸を開いて、わずか2年後という速さだ。そのスピードは圧倒的である。

第六章　日本の新聞はどうなるのか

収益構造が違う日本の新聞

これまでアメリカの危機的な状況を見てきたが、一方で、日本はどうだろうか。

まず一般的に指摘されるのは、収益モデルが異なることだ。

アメリカの新聞社が収入の8割を広告に依存しているのに対して、日本の新聞社は、その割合が3割程度となっている。残りの7割は、いわゆる「販売収入」、つまり新聞を売って読者が支払ってくれる対価だ。

日本の新聞社は、アメリカの新聞社とは違い、新聞の購読者によって支えられている。

これは戸別宅配の割合からもわかる。各家庭にどれだけの割合で新聞が届けられているかの割合を示す戸別宅配率は、日米それぞれの新聞協会の発表によると、アメリカは74%、日本は94・6%となっている。日本はほぼ100%に迫る戸別宅配を達成しているのだ。

この点について、河内孝は「次に来るメディアは何か」で、読売新聞の渡邉恒雄会長による2009年の合同新春所長会議での挨拶を取り上げている。以下そのままの引用である。

「欧米の新聞は収入の8割を広告に依存しており、半分になったらもう経営できない。戸別宅配の割合が少ないので販売収入も安定しない。日本は広告依存度が3割程度で、完全戸別宅配網が確立されているおかげで収入は安定している」

また、新聞社の数や性格も異なっている。アメリカの新聞は地方紙がほとんどで、その数は1000を超える。一方で、日本の新聞は、地方紙といってもその数は100前後。いわゆる県紙と呼ばれる地方紙は、各県におよそ一紙しかない。

現在のような地方紙の体制が作り出されたのは、戦時中にさかのぼる。太平洋戦争中の統制によって新聞社の統廃合が行われ、一県一紙という現在のもととなる体制が構築された。そのため、すでに淘汰が行われている日本では、アメリカのように弱小の新聞社を振り落とすような競争は、なかなか起きにくいと指摘される。

さらに大きな違いもある。NYタイムズもそうだが、アメリカの有力新聞は、株式を上場しているのが普通だ。市場から資金を調達できるという利点もあるが、逆に投資家や市場から、常に財務状況を厳しくチェックされ、株主への高い配当を求められることになる。乱暴な言い方をすれば、新聞社は読者へ質の高い記事を提供すると同時に、あるいはそれ以上に利益を上げ、投資家に還元するという使命を求められるのだ。

日本の新聞社で株式を上場しているところはない。市場や投資家の意向に左右されることなく、記事の質を高めていくことができると考えられている。

アメリカでは新聞産業の衰退は、猛烈なスピードで進んでいる。そのあまりの速さに、現場の記者たちですら、現在の新聞の形態では生き残れないと確信している。

一方の日本では、広告への依存度の低さ、戸別宅配率の高さ、地方紙の性格の違い、そして株主に対する関係の違いなど、経営構造の差があって、新聞社はアメリカほどには危機的な状況には追い込まれていないといわれている。

しかし、本当にそうだろうか。

実際の経営はかなり厳しい

日本の新聞社は、アメリカのように株式を上場していないため、決算を公表していないところが多く、経営の全体状況を簡単につかむことができない。

唯一手がかりとなるのが、新聞協会が『新聞研究』の２００７年11月号から発表を始めた「新聞社の経営動向」という調査だ。調査は日刊の新聞社から、41社をサンプルに選んで行っている。その内訳は、発行部数が約80万部以上は8社、約40万部以上が8社、約20万部以上が

20社、20万部未満が5社となっている。

この中で、いわゆる本業の利益を示す「営業利益」に注目すると、41社の調査が行われた直近4年間の推移は以下のようになる（1000万円単位は四捨五入）。

2005年度：999億円　対前年比＋15・7％
2006年度：955億円　対前年比▲4・4％
2007年度：672億円　対前年比▲29・6％
2008年度：74億円　対前年比▲89％

こうして見ると、漸減傾向が続いていたところに、リーマン・ショックが追い討ちをかけ、2008年度、営業利益が一気に90％近く落ち込んでいる。当期純利益で見ても、対前年比で90・7％の大幅な減収減益の決算となっている。

調査を詳細に分析すると、用紙代や資材費、人件費といった費用は減少しているが、その減り方を上回って、販売や広告収入をあわせた売上高が1000億円近く落ち込み、厳しい決算となったことがわかる。

単体での決算を発表していない読売新聞社を除く大手4社の最新の決算も見ておこう。本業の利益を表すとされる「営業利益」の数字を、２００７年、２００８年で比べてみる。12月決算の日経新聞社を除くと、他の社は全て3月決算である。

読売新聞社（単体は公表せず）		
朝日新聞社	１２３・９億円	▲10・7億円
日本経済新聞社	１５０・２億円	＋48・4億円
毎日新聞社	26・9億円	▲25・8億円
産経新聞社	23・3億円	＋０・3億円

アメリカのように「経営危機」「経営悪化」という状況にまでは追い込まれていないが、それでも厳しい経営環境におかれていると言える。

実際、廃刊が相次ぐという状況ではないが、三大全国紙としては初めて毎日新聞が北海道での夕刊発行を打ち切ったり、秋田魁新報や南日本新聞といった地方の有力紙が、夕刊の発行をとりやめるという事態が起こっている。

インターネットに抜かれた広告費

２０１０年2月22日、電通が毎年発表する「日本の広告費」が公表された。

それによると、２００９年の日本の総広告費は5兆９２２２億円で、前年比マイナス11・5％で、2年連続の減少だった。そして、事前に予想されていたとおり、インターネット広告費が、初めて新聞広告費を上回り、テレビに続く2位に躍り出たのだ。

金額の多い順に、マスコミ4媒体とインターネットの数字の対前年比は以下のとおり。

1	テレビ	1兆７１３９億円	▲10・2％
2	インターネット	７０６９億円	＋1・2％
3	新聞	６７３９億円	▲18・6％
4	雑誌	３０３４億円	▲25・6％
5	ラジオ	１３７０億円	▲11・6％

インターネットが新聞を上回ったのもさることながら、軒並み金額が落ち込む中で、インターネットだけが、微増だがプラスを維持している。

電通の発表によれば、パソコン向けの広告よりも、携帯端末向け広告の伸び率が高く、その内訳も、いわゆるバナー広告と呼ばれるディスプレイ中心の広告ではなく、検索キーワードに連動して表示されるタイプの広告の人気が高いという。

パソコン向け広告については、ページビューの伸びが頭打ち傾向にはあるものの、一方で、ツイッターをはじめとする新しい形態が続々と登場し、社会で話題を呼んでいることから、今後も新たな広告活用の進化が期待されるとしている。

パソコン向け以上に期待が高いのが、携帯端末向けの広告だ。

携帯端末向けのモバイル広告については、端末の高度化や通信定額制の普及によって、ユーザーの利用が拡大・進化している。さらに、iPhoneなどのスマートフォンも話題を呼んでいる。パソコンと同様、携帯端末で検索をするという行動スタイルは浸透しつつあることから、さらなる進展が期待されるとまとめている。

新聞は生き残れるのか

生活するうえで一つしか利用できないとしたら、次の中からどのメディアを選びますか。

テレビ、ラジオ、新聞、パソコン、携帯電話……。

こう聞かれたら、あなたはどう答えるだろうか。

これは、やや限定的な質問設定ではあるが、実際にNTTアドが継続的に行っている調査だ。その最新の結果は既存のメディアにとっては、うんざりするようなものだ。

▽20代男：テレビ12・7％　新聞2・4％　パソコン45・9％　携帯電話27・8％
▽20代女：テレビ17・9％　新聞1・5％　パソコン28％　携帯電話46・4％

若い世代では、テレビも新聞も、パソコン（インターネット）や携帯電話には全く歯が立たないのだ。もちろん、パソコンや携帯電話は、単なる情報源となるだけではなく双方向のコミュニケーションのための手段でもあり、テレビや新聞とは単純に比較できない。それでもこの差は圧倒的だ。

▽60代男：テレビ44・3％　新聞13・6％　パソコン22・5％　携帯電話6・3％
▽60代女：テレビ51・5％　新聞13・6％　パソコン8％　携帯電話12・4％

60代では、テレビがパソコンや携帯電話をかなり上回っているが、新聞はなお苦戦している。これが、メディアをとりまくいまの日本の姿である。

調査を行ったNTTアドを取材で訪問した際、防水タイプの携帯電話がどうして続々と登場しているか知っているかと質問され、トイレに落としたりする人が多いから、と答えたら、一笑に付された。「いまの高校生は、お風呂の中でも携帯電話を手放さない」。10〜20代にとって携帯電話は、24時間まさに四六時中、肌身離さず持っているものになったのだ。

若者にとって新聞の中で最もニーズの高かったテレビ番組表がネットでも見られるようになった昨今、何年も新聞を触っていないない人が多数派だ。

ジャーナリズムとは何か

では、新聞は生き残れるのか。

新聞が担ってきた「ジャーナリズム」を、これからも本当に貫いていけるのか。

そのジャーナリズムについて考える際、立花隆の著書『アメリカジャーナリズム報告』から大きな示唆を受けた。

立花隆は、時の田中角栄首相を辞任に追い込んだロッキード事件の「金脈研究」で、日本における調査報道を切り開いた人物だ。その立花が、1970年代後半、アメリカに渡り、ウォーターゲート事件の報道で活躍したボブ・ウッドワードや、ベトナム戦争の報道で世論をリードしたデイヴィッド・ハルバースタムら第一線の記者たちを訪ね、ジャーナリズムについて議論した本である。

30年以上前の著作だが、そのジャーナリズム論はいまに通じる。

当時立花は、「情報」の重要性が高まっていることについて、二つの理由を上げている。「社会全体がより一層オーガナイズされつつあること」、そして「変化のスピードが加速度的に速くなりつつあること」だ。

人々が行動する範囲や、さまざまな社会的関係の範囲が広がったことで、人々は大量の情報を必要とするようになった。

その結果、どんどんと新しい情報を求め、消費している。

まだインターネットが登場していなかった時代の分析だが、これは高度情報化社会と言われる現代にも当然のことながら当てはまる。

立花は、２０１０年1月の「クローズアップ現代」の放送の中で、日米の新聞が直面する現実を次のようなエピソードで紹介した。

ここ10年ほど東京大学で受け持ってきた講義の最初に、毎年「新聞を読んでいるか」と質問し、読んでいる学生に挙手をさせてきた。かつては２００人の学生の中で半分くらいが新聞を読んでいたが、直近ではその大教室で2、3人しか手を挙げなかったという。

また、最近アメリカを取材で訪れた際、街中で新聞を買おうとしたが、なかなか買えなかったという体験もしたという。

そんな時代の中で、新聞が果たせる最大の使命は何だろうか。

立花は、新聞が担うべきジャーナリズムについて、ハルバースタムへのインタビューの中で、こう定義している。

「もし新聞がただひとつだけの機能しか果たさないものであると仮定した場合、新聞は社会において正義が行われているかどうかということをモニターする、絶えず監視する役目をつとめなければならないということになるでしょう。（中略）実際に正義が大衆のために行われているかどうか、監視していくのがジャーナリズムの役目だと私は思うんです。現代社会では、ジャーナリズムが正義の夜警役をつとめなければならないわけです」

新聞が最後の最後まで守らなければならないもの、それが社会正義の監視役である。もちろん、これは新聞だけに限らず、報道機関全てにいえることだ。この旗印が失われれば、とたんに存在意義は失われてしまう。

しかし、そのジャーナリズムの旗を掲げるだけでは、もはや生き残れない時代に突入しているのだ。

サイト閲覧有料化の行方

アメリカの新聞社が期待をかけるインターネットの記事配信の「有料化」。その行く末に立ち込める暗雲について、さまざまな情報が乱れ飛んでいる。

その一つが、ニューヨークで30万部以上の発行部数を誇る有力新聞ニューズデイについて、2010年の1月26日に流れた情報だ。ニューヨーク・オブザーバーというインターネットの情報サイトが発表した。

それによると、その1週間前に編集局の拡大会議で、ニューズデイの有料サイトが、どれだけの読者を獲得しているかが議題に上った。

ニューズデイがインターネットでの記事閲覧を有料化したのが、前年の10月。導入から3カ月が経っていた。

発行人であるテリー・ジメンズに対して、ある記者が有料のサイト閲覧者がどれくらいいるか質問したところ、ジメンズはその数を知らず、隣の部下に尋ねた。その部下は、「35人です」と答えたという。そのやりとりを見て、ミカエル・アモン記者が、「本当に35人なんですか」と聞き返したところ、ジメンズはうなずいたという。

ニューズデイのニュースサイトを閲覧するためには、1週間で5ドルの購読料を払わなければならない。日本円にするとおよそ450円になる。1カ月を4週間とすると1800円、日本での新聞購読料を考えると決して高い金額とは言えない。

一方で、紙面の購読をしている人は、ニューズデイのニュースサイトを無料で見られる。

また、ニューズデイの親会社が放送するオプチウム・ケーブルというケーブル放送に契約をしている人も、無料で閲覧できる。

新たな契約者が35人というのは、こうした紙面やケーブル放送の契約をしている読者を除き、いままで無料でニュースサイトを見ていた読者の中から、どれだけ新たな契約者を獲得できたかを表す数字である。

この「35人」という数字そのものを、ニューズデイが正式に認めたわけではない。

しかし、この生々しい会議のやりとりが本当だとすれば、メディア王マードックを筆頭にしてインターネットの記事配信の「有料化」に期待を寄せているアメリカの新聞界は、冷水を浴びせられたことになる。

このニューズデイに関する記事が流れた翌日、インターネットの有料化をめぐる新しい動きが伝えられた。

マイアミ・ヘラルドなどの大手新聞を傘下におく業界五指に入るメディアグループの一つマクラッチーが、２００９年の第4四半期の決算を発表。それによると、２００８年同期が２０４０万ドルの損失だったのに対して、２００９年は３２４０万ドルの黒字だった。中でも、インターネット広告の伸びが大きく、前年同期比で14・９％の伸びだった。収入全体に占める割合は15・８％になり、５％以上増えている。

この決算を受けて、ゲリー・プルーイットCEOの行った発言にウォール・ストリート・ジャーナルは注目し、記事を書いている。それによるとプルーイットCEOはエコノミストたちを前にこう言っている。

「インターネット広告は我々に大きな利益をもたらす。広告収入に支えられた、無料の閲覧の方がビジネスモデルとしては望ましいはずだ」

新聞業界大手のマクラッチーが、「有料化」に疑問を呈したのである。メディア王マードックが提唱した、新聞社はこぞってインターネットの情報を有料化しようという動きに対して、反旗を翻そうとしているかに見える。

全ての新聞社が配信記事の周りに有料化の壁を張り巡らさなければ、無料サイトに読者が流れてしまうため効果を得にくいと考えられている「課金制」に早くも穴が開こうとしているのだ。

アメリカの新聞社が期待をかけるインターネット版の有料化は、無料化を掲げるマクラッチー社の登場によって早くもほころびが生まれようとしている。

衰退のスピードが加速する

新聞社のニュースサイトが記事の閲覧を有料にするかしないか、議論を交わしている一方で、他のメディアが運営するニュースサイトからは、特段の動きは見られない。

全米5大ニュースサイトに名を連ねるCNNは、現在、無料で世界各地からの最新ニュースが閲覧できるが、将来有料化に踏み切るという話にはなっていない。

マイクロソフト系列のMSNBCも、テレビ・ネットワークNBCからのニュースは無料のままだし、マードック傘下のFOXニュースについては、新聞社配信のものを除けば基本的に無料で閲覧できることに変わりはない。

NYタイムズを筆頭とする新聞社だけが、有料化をめぐって右往左往している。

一般の読者は、よほどの高付加価値の記事でないかぎり、一般的なニュースであれば、他の無料のサイトに流れていくのは間違いない。

取材の最後に、ニューヨークの街角で、いかにも新聞を読んでいそうなインテリ風のビジネスマン約30人を次々とつかまえて、インタビューしていった。

「ニュースはインターネットで読んでいる。いまでも時々は印刷された紙面を読みたいと思うことはあるけれど、仮に新聞がなくなっても私は困らない」

「新聞がなくなるとアメリカの民主主義が揺らぐかだって？　本当にそうなのかな。だって、他にもニュースを取材するところはたくさんあるだろう」

議会公聴会や大学の研究者が、新聞がなくなってしまうと汚職がはびこり、アメリカの民主主義は崩壊してしまうと大きな危惧を表明している一方で、一般の市民は本当にそうなのだろうか、という冷めた反応だった。「新聞と民主主義に何か関係があるのか?」という程度の認識がほとんどだった。

新聞がなくなると大変なことになると答えたのは、父親が新聞記者だったという初老の男性一人だけだった。

ことほどさように、ニューヨークの市民の間でも、もはや新聞の廃刊は当然のことと受け止められているのだ。

あとがき

本文では一度も触れなかった事実がある。

それは、いわゆる新興国の新聞についてだ。アメリカ、日本、イギリス、フランスなど先進国で新聞は厳しい経営環境に追い込まれているが、高い経済成長を続ける新興国では、まったく状況が異なるのだ。

新聞協会がホームページで、世界の国別の新聞発行部数を掲載している。2006年と2008年における、BRICsとよばれる4つの新興国、それに南アフリカ共和国の発行部数を見てみる（上が2006年、下が2008年の数字）。

ブラジル	746万	↓	899万
ロシア	116万	↓	118万
インド	8886万	↓	1億705万

中国　　　　　1億367万　→　1億751万（2007年）
南アフリカ　　163万　　→　　182万

こうしてみると、ロシアが微増だが、それ以外の国については、大きく伸びていることがわかる。実は新聞が直面する厳しい現実は、先進国に特有の問題なのだ。経済発展によって中間層が増える傾向にあるこうした新興国は、豊かになる人々が増えるにしたがって、新聞の購読層も拡大している。

逆に言えば、アメリカやイギリスなどの先進国の新聞社が直面していることは、インターネットが発達した社会にとっては、必然的なプロセスであると言える。

いまは発行部数が伸びている新興国でも、何十年か先に、インターネットがいま以上に発達・普及すると、やがて新聞発行部数も伸び悩み、新聞社が経営悪化に苦しむという時期がやってくるに違いない。一方でインターネットのニュースサイトには隆盛が訪れることになる。

そして、これは新聞だけではなく、筆者の所属するNHKも含めたテレビ局など既存のメディアも同じではないだろうか。

生活が豊かになり、インターネットなどのメディアが発達することによって、人々が情報を容易に入手できるようになった現代社会。

これまで経済成長とともに拡大してきた既存メディアが、いままでと同じような地位を今後も占め続けることができるのか。世界で最も激しいメディアの変化にさらされているアメリカで最前線に身をおく新聞記者や経営者たちも、10年後、15年後の世界は全く予測できないと語っていた。しかも、その未来は、「自分の子どもは新聞記者にはしたくない」という悲観に満ちたものだった。

先が全く見えないアメリカの新聞社の姿は、これまで安泰だと思われてきた既存のメディアも「崩壊」とは無縁ではいられないということを示している。

メディアが変遷するスピードは、とてつもなく速い。パソコンに代わって、キンドルなどの電子書籍用端末は猛烈な勢いで発達している。

盛者必衰。

やがては、新聞が消える日も来るだろう。その次はテレビの番かもしれない。そして、この先、いまは飛ぶ鳥を落とす勢いのインターネットも斜陽になって、新しいメディアに取って代わられる日が来るかもしれない。

この本は、2009年1月に放送した「NHKクローズアップ現代『変わる巨大メディア・新聞』」のアメリカでの取材をもとに、番組では紹介しきれなかった情報などを大幅に加筆して、まとめたものである。

番組の取材・制作にあたっては、国谷裕子キャスター、岩堀政則編責、そして、高山仁チーフ・プロデューサー、中村直文チーフ・ディレクター、国内の取材を主に担当した内山拓ディレクターに大変お世話になった。また、アメリカでの取材をコーディネートしてくれた山田功次郎さんをはじめ、制作スタッフの方々にも感謝の言葉を申し上げたいと思う。

また、本書の内容について多角的にアドバイスをいただいた幻冬舎の四本恭子さんにもお世話になった。

この本はアメリカの新聞社を題材にしているが、全て自分たち（NHK）の問題でもあると思いながら、執筆していた。テレビの世界から、新聞の世界を他人事として見ているつもりは全くない。

この取材を機に、自分の仕事について、以下の立花隆さんの言葉を常に念頭に置き、もう一度見つめ直したいと思っている。

「ジャーナリストとして一つの時代を生きるということは、同時代史の生き証人となることであり、我々の時代とはいかなる時代であるのか、そこに生きる我々とは何者であるかという絶えざる問いかけを自分に対してくり返しながら、時代のドラマを書くという同世代の人間たちの壮大な共同作業に参加していくことである」

参考文献

『アメリカジャーナリズム報告』立花隆・一九八四・文春文庫／『アメリカのジャーナリズム』藤田博司・一九九一・岩波新書／『NYタイムズ物語』三輪裕範・一九九九・中公新書／『新訂　新聞学』浜田純一、田島泰彦、桂敬一編・二〇〇九・日本評論社／『新聞がなくなる日』歌川令三・二〇〇五・草思社／『次に来るメディアは何か』河内孝・二〇一〇・ちくま新書／雑誌「ニューズウィーク日本版」阪急コミュニケーションズ／雑誌「新聞研究」日本新聞協会／新聞「朝日新聞」朝日新聞社

・The U.S.Newspaper Industry in Transition (Congressional Research Service 2009)

・Do Newspapers Matter?, Sam Schulhofer-Wohl (Princeton University 2009)

・Goodbye to the Age of Newspapers (Hello to a New Era of Corruption), Paul Starr (The New Republic 2009)

・The Quality and Independence of British Journalism, Justin Lewis, Andrew Williams 他 (Journalism & Public Trust Project)

・メディア・パブ (http://zen.seesaa.net/)

・マイコミジャーナル　河内孝 (http://journal.mycom.co.jp/author/0000408/)

著者略歴

鈴木伸元《すずきのぶもと》

1996年東京大学教養学部卒業。同年NHK入局。報道局、スペシャル番組センターなどの勤務を経て、現在報道局社会番組部所属。

「NHKスペシャル」「クローズアップ現代」などを担当。

ギャラクシー賞の奨励賞を2度受賞。

幻冬舎新書 168

新聞消滅大国アメリカ

二〇一〇年五月三十日 第一刷発行

著者 鈴木伸元
発行人 見城 徹
編集人 志儀保博

発行所 株式会社 幻冬舎
〒一五一-〇〇五一 東京都渋谷区千駄ヶ谷四-九-七
電話 〇三-五四一一-六二一一(編集)
〇三-五四一一-六二二二(営業)
振替 〇〇一二〇-八-七六七六四三

ブックデザイン 鈴木成一デザイン室
印刷・製本所 株式会社 光邦

Printed in Japan ISBN978-4-344-98169-0 C0295
す-4-1

幻冬舎ホームページアドレス http://www.gentosha.co.jp/
*この本に関するご意見・ご感想をメールでお寄せいただく場合は、comment@gentosha.co.jp まで。

幻冬舎新書

上杉隆
ジャーナリズム崩壊

日本の新聞・テレビの記者たちが世界中で笑われている。その象徴が「記者クラブ」だ。メモを互いに見せ合い同じ記事を書く「メモ合わせ」等、呆れた実態を明らかにする、亡国のメディア論。

日垣隆
秘密とウソと報道

鑑定医が秘密をバラす相手を間違えた奈良少年調書漏洩事件、「空想虚言癖」の典型的パターンに引っかかった「週刊新潮」大誤報等。秘密とウソというユニークな視点から、「メディアの危機」に斬り込む挑発の書。

宮台真司　福山哲郎
民主主義が一度もなかった国・日本

2009年8月30日の政権交代は革命だった！　長年政治を研究してきた気鋭の社会学者とマニフェスト起草に深く関わった民主党の頭脳が、革命の中身と正体について徹底討議する!!

岸博幸
ネット帝国主義と日本の敗北
搾取されるカネと文化

ネットで進むアメリカ企業の帝国主義的拡大に、欧州各国では国家の威信をかけた抵抗が始まった。このままでは日本だけが搾取されてしまう。国益の観点から初めてあぶり出された危機的状況！

幻冬舎新書

鈴木謙介＋電通消費者研究センター
わたしたち消費
カーニヴァル化する社会の巨大ビジネス

ラブandベリー、『赤い糸』、初音ミク……これらは一般的知名度は低いが、一部の間で大流行しているゲームやケータイ小説などである。「内輪の盛り上がり」が生む大量消費を、気鋭の社会学者が分析。

荒岱介
新左翼とは何だったのか

なぜ社会変革の理想に燃えた若者たちが、最終的に「内ゲバ」で百人をこえる仲間を殺すことになったのか?! 常に第一線の現場にいた者のみにしか書けない真実が明かされる。

若林亜紀
公務員の異常な世界
給料・手当・官舎・休暇

地方公務員の厚遇は異常だ。地方独自の特殊手当と福利厚生で地元住民との給与格差は開くばかり。みどりのおばさんに年収８００万円支払う自治体もある。彼らの人件費で国が破綻する前に公務員を弾劾せよ！

平野貞夫
平成政治20年史

20年で14人もの首相が次々に入れ替わり、国民生活は悪くなる一方。国会職員、議長秘書、参院議員として、政治と政局のすべてを知る男が書き揮う、この先10年を読み解くための平成史。

幻冬舎新書

渋井哲也
実録・闇サイト事件簿

ネットで出会った男たちが見も知らぬ女性を殺害するという、犯罪小説のような事件を生んだ「闇サイト」とは何か。閉塞した現代社会の合わせ鏡、インターネットの「裏」に深く切り込む実録ルポ。

中村繁夫
レアメタル超入門
現代の山師が挑む魑魅魍魎の世界

タンタルやニオブなど埋蔵量が少ない、または取り出すのが難しい57のレアメタルをめぐって争奪戦が拡大中だ。レアメタル消費大国にして輸入大国の日本よ、今こそ動け。第一人者が緊急提言。

森功
血税空港
本日も遠く高く不便な空の便

頭打ちの国内線中心の羽田空港。米航空会社に占められ新規参入枠がない成田空港。全国津々浦々99の空港のほとんどが火の車で、毎年5000億円の税金が垂れ流し。そんな航空行政を緊急告発。

夏野剛
グーグルに依存し、アマゾンを真似るバカ企業

ほとんどの日本企業は、グーグルに依存しアマゾンに憧れるばかりで、ネットの本当の価値をわかっていない。iモード成功の立役者が、日本のネットビジネスが儲からない本当の理由を明かす。

幻冬舎新書

副島隆彦
お金で騙される人、騙されない人

銀行、証券、生保のウソの儲け話に騙されて、なけなしの預金を株や投資信託につぎ込み、大損した人が日本国中にいる。金融経済界のカリスマが、12の事例をもとに、世に仕組まれたお金のカラクリを暴く！

石井至
慶應幼稚舎

初年度納付金は最低で約150万円。縁故入学は多くても4人に1人。お受験教室の運営を通じて慶應幼稚舎を知り尽くした著者が、その教育理念、入学試験、学費、卒業後の進路などを徹底分析！

出井伸之
日本大転換
あなたから変わるこれからの10年

日本は都市のインフラづくりの分野で独自の力を発揮すべきだ。政官民学が一体となって日本の省力化技術を新たな輸出産業として育てれば、内需・外需刺激と地方活性化を促す日本復活の鍵となる。

波頭亮　茂木健一郎
日本人の精神と資本主義の倫理

経済繁栄一辺倒で無個性・無批判の現代ニッポン社会はいったいどこへ向かっているのか。気鋭の論客二人が繰り広げるプロフェッショナル論、仕事論、メディア論、文化論、格差論、教育論。

幻冬舎新書

日垣隆
すぐに稼げる文章術

メール、ブログ、企画書etc．元手も素質も努力も要らない。「書ける」が一番、金になる――毎月の締切50本のほか、有料メルマガ、ネット通販と「書いて稼ぐ」を極めた著者がそのノウハウを伝授。

小松正之
これから食えなくなる魚

マグロだけじゃない。サバも、イワシも、タラだって危ない！　国際捕鯨会議のタフネゴシエーターとして知られる著者が、あまりに世界から立ち遅れた日本漁業の惨状を指摘。魚食文化の危機を訴える。

サイトウ・アキヒロ
ゲームニクスとは何か
日本発、世界基準のものづくり法則

なぜ、世界中で、多くの人がテレビゲームにハマるのか……。日本のゲームが人を夢中にさせる仕組みを、初めて体系化。意外にも、iPod、グーグル、ミクシィの成功理由もここにあった！

晴山陽一
英語ベストセラー本の研究

戦後60年にわたるミリオンセラー級の英語学習本を徹底研究。それらのエッセンスを集約してみると、日本人の英語学習にもっとも必要なもの、足りないものが何であるのかが見えてくる!!